DIE SOLDATEN DER JUNGFRAU

Guido Schmidt

Die Soldaten der Jungfrau

Eine Erzählung
aus dem Süden Mexikos

Edition Ulenspiegel
im Verlag Georg Simader

Guido Schmidt
Die Soldaten der Jungfrau
Eine Erzählung aus dem Süden Mexikos

Band II der Edition Ulenspiegel im
Verlag Georg Simader GmbH, Frankfurt am Main

Copyright © 1994 by Guido Schmidt
Radierzyklus Homo Homini Lupus
Copyright © 1994 by Alexander Nüßlein

Umschlaggestaltung nach einer Idee von Lutz Weinmann
Satz und Druck: Ulenspiegel Druck GmbH, Andechs
Bindung: Buchbinderei Göttermann, Assling

ISBN 3-927515-38-8

Im letzten Lustrum des siebzehnten Jahrhunderts lag Spanien darnieder. Verbraucht war die Kraft des einst so mächtigen Landes, verpraßt der Reichtum, der von den Ländern jenseits des Ozeans hereingeflossen war, verzettelt in unzähligen europäischen Feldzügen. Zweitausendsiebenhundert Tonnen Silber und dreihundert Tonnen Gold waren noch in der Mitte des goldenen Säkulums, dem Siglo de Oro, aus Mexiko und Peru herübergekommen. Auf weniger als ein Zehntel waren jetzt die Lieferungen geschrumpft, und von diesem wenigen erhielt die Krone wiederum nur ein Zehntel. Das Land war hoch verschuldet. An diesen Schulden mästeten sich die Genueser und venezianischen Bankiers und blähten sich die deutschen Handelshäuser. Wohlverwahrt lagen in den Kontoren der europäischen Kompanien Pfandverschreibungen der spanischen Krone für die Schürfrechte in den überseeischen Minen. Reichtum floß und Handel blühte in den Ländern Europas, doch Spanien verarmte. Dumpf und stolz spreizten sich noch immer die höchsten Stände Spaniens und führten ein Leben in höfischem Glanze, das sie längst nicht mehr bezahlen konnten. Im Alcázar verfiel an Geist und Körper Don Carlos, der letzte spanische Habsburger. Und während der junge König in choreatischen Verrenkungen sein Leben verdämmerte, verhungerte in den Straßen das Volk, rebellierte das ungeliebte Bürgertum. Hilflos regierte der Königlich Indische Rat, verwaltete ohnmächtig die dünnen Rinnsale Goldes und Silbers aus den westindischen Kolonien und gierte neidvoll nach den mächtigen Strömen, die von dort in die Taschen der ausländischen Kompanien flossen. In ihrer Not wandten sich die Mitglieder des Indienrats an den König und erwirkten in einer seiner seltenen wachen Stunden ein Edikt, das die Überstellung der neuspanischen Encomiendas unter königliche Aufsicht verfügte. So, hoffte man, würden sich die leeren Kassen der Krone wieder füllen. Der König unterschrieb den Erlaß. Aber voll Mißtrauen gegen seine höfischen Räte, legte er - unter dem Einfluß seines erzbischöflichen Beichtvaters - die Durchführung in die Hände der heiligen spanischen Kirche.

Dunkel und streng verwaltete die Kirche ihr Erbteil seit den Tagen der Reconquista. Mächtig thronte sie, wie in alter Zeit, neben den Reyes Católicos, den Katholischen Königen, und überzog das Land und seine Kolonien mit grausamer Härte. Mehr und mehr aber verwässerte jenseits des Ozeans die katholische Lehre. Immer wieder schwappte der Humanismus des toten Bartolomè de las Casas herüber, flammte der reformerische Geist in den anklagenden Traktaten der Bettelorden auf und gärte in den Rechenbüchern der Handelsfahrer. Heftig wehrte sich die Kirche gegen die Verweichlichung des Glaubens und verfolgte erbittert die Neuerer und Eiferer. Wie ehedem schwärmten die unbarmherzigen Sendlinge der Inquisition aus, betrieben blutig ihr Geschäft mit Schandhut und Büßergewand, fügten unerbittlich die Einheit von Kirche und Krone in Treue zu Gott. Wer sich den uralten Grundsätzen nicht unterwarf, verlor seine Rechte und wurde vom Heiligen Offizium geächtet und gebannt.

Nun, mit dem königlichen Edikt in der Tasche, fuhren die Vertreter der weltlichen Kirche hinüber übers Meer, unbegrenzt in ihrer Macht. Härter denn je griffen sie in den westindischen Kolonien durch, erdrückten die Länder und ihre Ureinwohner unter dem Purpur der wahren Lehre. Mit Feuer und Schwert verfolgten sie die Verfehlungen des Glaubens, konfiszierten im Namen Gottes die letzten Lebensgrundlagen der Indios.

In den Flammen der Inquisition aber erwuchs nur neuer Haß gegen den weißen Gott und seine herrischen Priester.

»Eines sage ich Euch, Don Josè! Das laß ich mir nicht bieten! Das nicht!« Zornig stieß der Mann die Worte aus und stampfte mit dem Fuß auf den Boden. Der Tobende hieß Alvarez de Toledo. Vor ihm auf dem Tisch lag die Urkunde seiner Bestallung zum Bischof von Chiapas. Nun, da er Bischof war, der ehemalige Inquisitor von Zaragossa, durchmaß er grollend sein Arbeitszimmer im Konvent von Ciudad Real, der Bischofsstadt inmitten der Sierra Madre del Sur, und wog und prüfte die Pfründe, die ihm durch das Edikt des fernen Königs zugefallen waren. Doch je mehr er Einblick in die Einkünfte aus diesem Land nahm, um so mehr erfaßte den kalt rechnenden Mann Enttäuschung und Wut.

Chiapas - was war das schon? Eines der ärmsten Länder Neuspaniens. Kein Gold, kein Silber. Nur Urwald und Wald, Sümpfe und ödes Gebirg. Erdrückende Hitze in den Niederungen der Tierra caliente und empfindliche Kälte auf den frostigen Höhen der Tierra fría. Und, da wie dort, Eingeborene, die wie abgestumpftes Vieh hausten.

War er dafür ins westliche Indien gekommen? Hatte er dafür sein Leben in den Kampf gegen den Antichrist gestellt, zu Hause, im fernen Spanien, die Kerker mit Ketzern gefüllt, mit Marodeuren des Geistes, die dem Volk einflüsterten, daß Gott nicht nur im Gewand der heiligen Kirche auf Erden weile?

»Schlamm ist das hier!« schrie er mit schneidender Stimme. »Schlamm und Dreck! O Gott! Belohnst Du so Deine treuesten Diener?«

Höhnisch brach es aus ihm heraus, und er trat dabei so heftig gegen einen der schweren Stühle, daß dieser krachend umfiel. Wutentbrannt starrte er auf sein Gegenüber.

Don Josè de Flores, des Bischofs Lizentiat, war ein kleines, schmächtiges Männchen mit viel zu großem Kopf, aus dem ihm einer Kröte gleich die Augen quollen. Die hielt er jetzt fest auf den Wütenden gerichtet, während er sich unbehaglich an die Wand drückte. Vorsichtig erhob er seine Stimme: »Was wollt Ihr tun? Hier in den Bergen leben doch nur die Ärmsten ...«

»Schweigt!« brüllte Alvarez de Toledo. »Ich will von Euch nicht hören, was ich selbst weiß. Fakten will ich sehen!«

Eilfertig entfaltete daraufhin der schmächtige Don Josè das schwere, umfangreiche Dokument, in welchem die Hinterlassenschaft Chiapas erläutert war. Stockend verlas er Verfügungen, leierte Auflistungen herunter und addierte Zahlen über Zahlen. Am Fenster lehnend, hörte ihm de Toledo schweigend zu. Bei der Veranschlagung des jährlichen Ertrags entflammte jedoch erneut des Bischofs Wut. »Dreitausend Pesos!« schrie er. »Das ist lächerlich. Rundum schwimmt alles in Gold – und hier dreitausend Pesos!«

Er fuhr herum und riß Don Josè das Schriftstück aus der Hand. Sein Blick flog über die Zeilen, seine Finger befühlten das Siegel. Dann warf er das Papier mit heftiger Bewegung auf den Tisch, schaute seinen Lizentiaten scharf an und sagte kalt: »Ihr werdet es schon sehen, Don Josè. Ich schick Euch mit einem vollen Schiff in die Heimat.«

Zweifelnd hob dieser die Brauen und wollte trotz seines Unbehagens etwas erwidern, versuchte, Argumente wirtschaftlicher und rechtlicher Art ins Feld zu führen. Doch mit einer unwirschen Geste bedeutete ihm Alvarez zu gehen.

So verließ, ergeben grüßend, der Lizentiat Don Josè de Flores seinen Bischof.

Nachdem Don Josè den Raum verlassen hatte, versank Alvarez de Toledo brütend in einem Sessel. Er hatte kein Auge für den schönen Blick auf die umliegenden Berge, die blau im Dunst schimmerten, und auch sein Ohr war taub für den treibenden Lärm im Hof des Konvents. Mißmutig nahm er erneut das Dokument zur Hand und las es ein zweites Mal, jetzt aufmerksamer. Dabei zermalmte er mit breiten Kiefern den aufsteigenden Unmut, betrachtete das kunstvoll gefaltete Siegel der spanischen Krone und dachte nach. Es war ein schlauer Schachzug des Habsburgers, die westindischen Ländereien der Obhut der Kirche zu überlassen, das mußte der Bischof neidlos anerkennen. Auf diese Weise schlug der König zwei Fliegen mit einer Klappe. Er schaffte sich den lästigen Plebs vom Hals und zugleich die Kritik der Kirche. Und er, Alvarez de Toledo, sollte jetzt die Suppe auslöffeln, die andere eingebrockt hatten. Wie er es auch drehte und wendete, letztlich blieb ihm nichts anderes übrig, als sich mit dem Gebotenen zu begnügen. Doch er war kein Mann, der sich mit Gegebenheiten zufriedengab. Man hatte ihn hierhergeschickt, um der spanischen Krone und der heiligen Kirche zu ihrem Recht zu verhelfen.

Im heimatlichen Spanien nämlich hatten sich die Stimmen derer gemehrt, die Zugeständnisse machten, die Handel wollten und nicht Eroberung. Der Plebs war bei Hofe angerückt, hatte diskutiert und erklärt, war in die Ämter gestürmt und hatte getobt und geschrien, daß es billiger sei, den Indianer menschlich zu behandeln statt ihn totzuschlagen. Aus dicken Folianten wurde den Räten vorgerechnet, daß man für den Preis eines Negers hundert Indianer arbeiten lassen könne. Ja, man schwadronierte schon lauthals und ungehemmt über den endgültigen Niedergang Spaniens, der so sicher sei wie das Amen in der Kirche, wenn man den Fortschritt nicht über die Schwelle lasse. Und da waren sie gesessen, die Condes, Marquèses und Duques, hatten geglotzt wie die Schafe und sich aneinander gerieben in der Angst vor leeren Trögen. Schließlich gab der König klein bei. Der Plebs bekam, was er wollte, nannte sich fortan Hidalgo, fuhr übers Meer, saß fett auf den Haciendas und drückte - wer hätte es anders gedacht - das »indianische Gesindel« wie eh und je. Doch wenn die Beamten und Tesoreros der Krone erschienen, begann man zu lamentieren, schneuzte sich umständlich die Nasen, strich sich den Wams und jammerte über die immensen finanziellen Investitionen. Ein Füllhorn war Neuspanien für diejenigen, die Geld hatten und Schiffe ausrüsten konnten. Nur für Spanien selbst, für Krone und Kirche, blieb wieder nichts im Vergleich zu dem Überfluß, der über den Ozean schwappte. Endlich nun hatte der König durchgegriffen und Auftrag erteilt, die Ämter zum Wohl der Krone neu zu regeln.

Er, Alvarez de Toledo, würde schon dafür sorgen, daß auch die Kirche ihren Teil davon bekam.

Zuerst wird er mit jenen Priestern Schluß machen, deren Köpfe vollgestopft waren mit den überholten und absurden Idealen Bartolomè de las Casas, des Indianerfreundes. Wie in den frühen Tagen der Conquista, fuhren noch immer die Brüder der Bettelorden übers Meer, mit härenen Kutten über den ausgemergelten Leibern, den Blick starr auf das Elend der Welt gerichtet, und sobald sie an Land gegangen waren, verschwanden sie in den Urwäldern, um sogenannte Kirchen Jesu zu gründen, Missionen, in denen sie den Indianern beibrachten, daß auch diese schon immer Kinder des einen und einzigen Gottes gewesen seien. Denn, so erklärten sie den Indios, Gott habe sich ihnen ja auch schon in

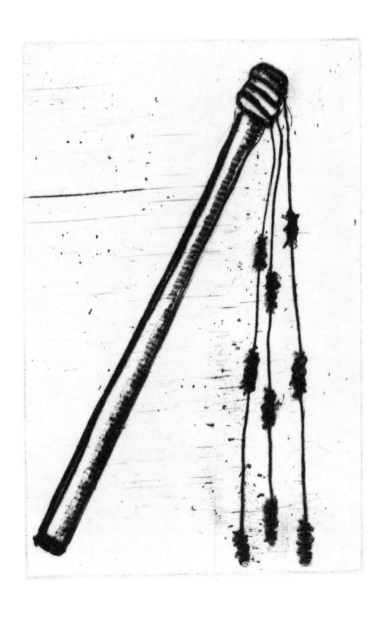

früheren Zeiten offenbart, in anderem Gewande zwar, aber sei nicht der Stern der Ixmucanè eigentlich der Jakobsstern? Und sei nicht auch die urzeitliche Sintflut, von der die Indios ihnen erzählten, wohl jene Sintflut aus dem Alten Testament, die alle Welt heimgesucht habe? Ja, freilich, begeisterten sich die Mönche in ihrer Einfalt an dieser Theorie und schlossen daraus, daß die indianischen Götzen nichts weiter als Emanationen des einen, unteilbaren Gottes seien. Mit solchem Blödsinn erklärten die Bettelmönche den Indios den wahren Glauben und das Wesen Gottes. Und auf welch fruchtbaren Boden diese Reden fielen! Götzen und heilige Mirakel schossen wie Pilze hervor und trieben das »indianische Vieh« zur Rebellion gegen die rechtmäßige Ordnung und den rechten, demütigen Glauben. Doch jetzt war er hier. Jetzt würde einiges zurechtgerückt werden. Er wird aufräumen mit dieser Vermischung des Glaubens, wie sie sich in den Provinzen Neuspaniens breitgemacht hat. Ein Ende wird er den häretischen Zugeständnissen an den Glauben der Eingeborenen setzen, die bloß die reine Lehre verdarben und der heiligen Kirche nichts als Schaden brachten. Dafür aber brauchte man Geld - viel Geld für die Neuordnung des Glaubens, noch mehr Geld für den Bau einer schönen Kirche hier in Ciudad Real, der königlichen Stadt und Sitz des Bischofs.

In seinen Träumen sah er die Kirche schon vor sich. Vollkommen wölbte sich die reichverzierte Apsis und darüber der mächtige Chor. Gottgefällig wuchs der Glockenturm in den Himmel, hell, glänzend, das Wahrzeichen der Stadt. Sein Gotteshaus brauchte den Vergleich mit den berühmtesten Kathedralen Neuspaniens nicht zu scheuen. Und er, Alvarez de Toledo, würde der Schirmherr sein - sein Name für immer verbunden mit diesem herrlichen Bauwerk.

Aber bis dahin war noch ein langer Weg. Mißmutig schüttelte er die schönen Träume ab, und seine Gedanken kehrten zurück zu den naheliegenden Geschäften.

Erneut rief er den Lizentiaten de Flores zu sich.

Diesmal bot Alvarez ihm einen Stuhl an. Schüchtern setzte sich de Flores, betrachtete neugierig den Bischof, wagte nichts zu sagen und wartete. Alvarez aber lehnte gedankenverloren in seinem Sessel, sah aus dem Fenster und schien seinen Lizentiaten vergessen zu haben. So saßen sich die beiden eine Weile stumm gegenüber. Schließlich brach Alvarez de Toledo das Schweigen.

»Ihr stellt noch heute eine Wachmannschaft auf, die Euch ins Gebirge begleitet, Don Josè«, eröffnete er ihm. »Ihr sollt nämlich die Dörfer der Eingeborenen inspizieren, vor allem aber ihre Kirchen! Wir dürfen nicht zulassen, daß Gottes Haus zur Herberge indianischer Götzen und Dämonen verkommt. Jede Mißachtung der Gebote Gottes werden wir schwer bestrafen.«

Überrascht blickte de Flores auf.

»Jawohl, schwer bestrafen!« wiederholte de Toledo. »Denn es steht geschrieben: ›Wer nicht in mir bleibt, der wird weggeworfen wie eine Rebe und verdorrt, und man hebt sie auf und wirft sie in das Feuer, und sie muß brennen.‹«

Der Lizentiat rückte unbehaglich auf seinem Stuhl. »Verzeiht, Euer Exzellenz, aber ich verstehe nicht ganz.«

»Ihr versteht nicht?« fragte der Bischof ungläubig und lachte hart auf. »Dann will ich es Euch erklären. Ihr werdet alles über den Besitzstand in den Dörfern in Erfahrung bringen. Außerdem sollt Ihr herausfinden, wo wider Gottes Gebot gesündigt wird. Sobald ich Euren Bericht habe, werde ich die Sünder mit schweren Bußen und Konfiskation bestrafen!«

Zögernd wandte Josè de Flores ein: »Es wird schwierig sein, bei den Eingeborenen Konfiskationen durchzuführen. Sie sind das Eigentum der Hacendados, und die verzichten nicht freiwillig auf ihre Tributeinkünfte. Sie werden sich auf ihre alten Nutzungsrechte berufen.«

»Das können sie nicht mehr, mein Lieber«, entgegnete der Bischof und klopfte auf das Dokument. »Hier steht es verbrieft und gesiegelt, Neuspanien möge der Krone geben, was der Krone ist, und Gott, was Gottes ist.«

»Es wird trotzdem Streit geben«, beharrte de Flores. »Vergeßt nicht, dies ist ein armes Land. Man kann eine Kuh nicht zweimal melken!«

»Da habt Ihr recht«, pflichtete de Toledo bei. »Dreitausend Pesos sind allemal zuwenig, sowohl für Gott als auch für den König. Aber wissen wir denn, ob das alles ist?« Er deutete auf das Dokument und grinste verschlagen. »Wie, wenn wir herausfänden, daß die Zahlen falsch sind? Wenn mehr zu holen wäre, als man gemeinhin annimmt?«

»Das würde vieles vereinfachen«, räumte de Flores ein.

»Dann stellt eine Reiterei zusammen und zieht los!« befahl der Bischof. »Visitiert die Dörfer. Binnen Monatsfrist erwarte ich Euren Bericht.«

Mit einem verwegenen Fähnlein gedienter Soldaten und Hazardeure zog Don Josè de Flores wochenlang kreuz und quer durch die Berge und Täler des Bistums Chiapas. Wenn er so an der Spitze seiner Truppe in die Dörfer einritt, versteckten sich die Bewohner. Frauen zogen ihre Kinder in die hintersten Winkel der Hütten, Männer blieben auf den Feldern und im Wald. Mißtrauisch und wachsam beobachteten sie aus ihren Verstecken die Eintreffenden.

Don Josè ließ sich's nicht verdrießen. Unbeeindruckt von der Ablehnung, die ihm entgegenschlug, ritt er mit seiner Schar mitten auf den Dorfplatz, stellte sein zusammenklappbares Tischlein im Schatten eines Baumes auf und befahl seinem Dolmetsch, den Kaziken zu holen. Stand dieser endlich verschreckt vor ihm, griff er zu seinem Schreibgerät und begann mit der Befragung. Anzahl der Bewohner, Viehbestand, Ernteerträge, alles notierte er gewissenhaft, und zum Schluß inspizierte er die Kirchen.

Sorgsam verwahrte er die auf diese Art erstellten Listen in seinem kleinen hölzernen Sekretär. Nach einem Monat hatte er zwar nicht jedes Dorf besucht, sich aber immerhin einen gewissen Überblick verschafft. Braungebrannt und dürrer denn je, kehrte er nach Ciudad Real im Tal von Jovel zurück und meldete sich sogleich zum Rapport beim Bischof.

Konzentriert hörte sich Alvarez de Toledo die Ausführungen seines Lizentiaten an, unterbrach nur hie und da, fragte nach, ließ sich etwas erklären. Er verschaffte sich ein genaues Bild durch die Augen seines Agenten. »Gut gemacht, Don Josè!« lobte er ihn zum Schluß, und ein säuerliches Lächeln belebte sein hartes Gesicht. »Das ist ja mehr, als ich erwartet habe!« Doch gleich darauf wurde er wieder ernst.

»Ihr sagt, die Kirchen befänden sich in einem erbärmlichen Zustand?« fragte er lauernd.

»Ja, Euer Exzellenz. Es mangelt an Sauberkeit, an Betgestühl. Es fehlt überhaupt alles, was einem frommen Christenmenschen zur Zwiesprache mit dem Vater dient. Und mehr als einmal habe ich Reste heidnischer Tieropfer in den Gotteshäusern entdeckt«, berichtete Don Josè.

»Nun, das werden wir bald ändern!« Alvarez de Toledo erhob sich. Freundlicher als sonst entließ er seinen Lizentiaten.

Als de Flores gegangen war, begab sich der Bischof hinüber in die neu erbauten Priesterunterkünfte. Er betrat das Zimmer des jungen Padre Antonio Mendez - ein Günstling de Toledos seit den Tagen, da dieser als Vertreter des Heiligen Offiziums in Ciudad Real Einzug gehalten hatte. Obwohl jung an Jahren, hatte Antonio Mendez mehr als einmal bewiesen, daß er ein glühender Verfechter der reinen Lehre war, und sich das Vertrauen de Toledos durch die bedingungslose Hingabe an die Aufgaben der Inquisition erworben.

»Gelobt sei Jesus Christus, junger Freund«, grüßte Alvarez de Toledo.

»In Ewigkeit. Amen«, erwiderte der junge Padre erfreut und fiel demütig auf die Knie, als er den Bischof eintreten sah. Er küßte ihm den Ring an der Hand und verharrte schweigend, bis de Toledo ihm gebot, sich zu erheben.

»Mein Sohn«, begann der Bischof leise und ohne Einführung, »wir sind hier mitten im Land des Antichrist. Der Zustand der Gotteshäuser in den Dörfern der Eingeborenen ist erbärmlich, wie mir mein Lizentiat berichtet. Es tut not, die Stellung der Kirche in unserer Gegend zu festigen. Wo die Kirche schwach ist, kann auch der Glaube nicht stark sein. Wo aber der Glaube schwach ist, regiert der Teufel. Wir müssen also den Glauben in die Dörfer tragen. Wir müssen die Kirche mit allen Mitteln, die uns zu Gebote stehen, festigen, mein Sohn. Mit allen Mitteln!«

»Ja, Euer Exzellenz, ich verstehe«, erwiderte Antonio Mendez. Ohne jedoch den Padre zu beachten, fuhr Alvarez fort: »Mein Lizentiat erzählt mir von Tieropfern in den Kirchen und der Anbetung indianischer Götzen. Nicht weit von hier, in Zinacantan, verehren sie sprechende Steine. Und als ob das nicht schon Sakrileg genug wäre, wird offenbar auf Geheiß dieser Steine einer schwarzen Muttergottes gehuldigt. Diese sei ihre wahre Gottesmutter, erfuhr mein Lizentiat von den Eingeborenen. Wir müssen diesem blasphemischen Spuk sofort und gründlich ein Ende machen. Morgen gehe ich dorthin, und du, mein Sohn, wirst mich begleiten.«

»So sei es, Euer Exzellenz!« Antonio Mendez verneigte sich unterwürfig. Innerlich zitternd vor freudiger Erregung, verharrte er eine geziemende Weile still und gebeugt. Als er sich wieder aufrichtete, hatte Alvarez de Toledo schon grußlos den Raum verlassen.

Antonio Mendez verbrachte eine schlaflose Nacht. Er saß im trüben Licht einer Kerze auf seiner Pritsche und fand keine Ruhe. In Gedanken kehrte er in die Zeit seiner Ankunft zurück. Er sah den jungen Burschen vor sich, der er damals war. Aufgewachsen in der strengen Zucht des Klosters de la Encarnaciòn in Trujillo inmitten der heißen Wüste der Estremadura, hatte er sich, einem inneren Drang folgend, für den harten Dienst im fernen Westindien entschieden. Nach einer stürmischen Überfahrt traf er an einem Sonntag im schwülen, sumpfigen Veracruz ein und betrat zusammen mit sechzig anderen Novizen diesen riesigen, geheimnisvollen Erdteil.

Nächtelang hatten sie sich während der Überfahrt ihren Visionen hingegeben und ihren Glauben an die heilige Mission beschworen, dieses große unbekannte Land im Geiste der heiligen Kirche zu erobern.

Zusammen mit einem jungen Galizier namens Franxo Ximenez war er nach Ciudad Real befohlen worden. Sechs Jahre lang hatten sie im Torre de Carmen gelebt und am Bau des Santuario gearbeitet, ehe sie die Priesterweihe empfingen.

Gemeinsam waren sie dann auch als Padres in den verschiedensten Distrikten Guatemalas und Chiapas' eingesetzt worden. Staunend hatten sie diese neue Welt erkundet, hatten über Auslegungen und Deutungen der Heiligen Schrift gestritten und sich schließlich aufgrund ihrer gegensätzlichen Beurteilung der Eingeborenen und ihres urtümlichen Glaubens verfeindet. War Ximenez von der Überschwenglichkeit und Ernsthaftigkeit des indianischen Gemüts betört, hielt ihm Mendez das alte Cortéz-Wort vom Auslöschen der indianischen Seele entgegen. Witterte Antonio gotteslästerlichen Götzenzauber, suchte Franxo die Versöhnung mit den Eingeborenen durch die Darstellung des Wortes Gottes.

Und so kam der Tag, an dem sie sich unversöhnlich trennten. Ximenez verschwand im Urwald, Mendez kehrte nach Ciudad Real zurück und ersuchte um Audienz bei Alvarez de Toledo. Er beschuldigte Franxo Ximenez der Häresie, da dieser am Glauben der Eingeborenen Gefallen gefunden habe, und der politischen Ketzerei, weil er verbotene Bücher lese. Schweigend hatte ihm der Inquisitor Audienz gewährt. Er zeigte dabei keine Regung und entließ den jungen Padre am Ende mit sprödem Dank. Insgeheim jedoch beschloß er, sich dieses Gesicht zu merken, und betraute ihn bald mit den delikaten Aufgaben der Gesinnungsschnüffelei. Antonio Mendez enttäuschte ihn nicht. In all den Jahren seither betrieb der junge Padre umsichtig die Überwachung und Verfolgung der Häretiker und Ketzer in den Dschungelmissionen, unterhielt ein großes Aufgebot kirchlicher Spitzel und erfüllte mit gewissenhafter Kälte seinen Auftrag.

Jetzt aber saß er hellwach und fiebernd da und dankte Gott ein ums andere Mal für die Auszeichnung, Seite an Seite mit seinem zum Bischof beförderten väterlichen Gönner den Antichrist in den Dörfern der Eingeborenen bekämpfen zu dürfen.

Dazwischen jedoch verfiel er immer wieder in bösartige Verhöhnungen den anderen betreffend, den ehemaligen Freund, den Abtrünnigen und Verräter am christlichen Glauben, den bisher erfolglos Gesuchten.

»Ha, Franxo, du Narr, hast du ernsthaft geglaubt, Gott versteckt sich hinter indianischen Götzenfratzen?« rief er in die Dunkelheit. »Hast du wirklich gedacht, wir schauen zu, wie deine eingeborenen Freunde uns den Herrgott besudeln? Jetzt zeigen wir's dir und deinen Schäfchen. Jetzt wird mit Feuer und Schwert gepredigt!« Er lachte hart auf. Endlich würde man es diesem Indianerliebling Franxo Ximenez heimzahlen. Der hockte irgendwo im Wald und schrieb und übersetzte indianisches Gestammel, nannte es die Bibel der Eingeborenen und hetzte das »indianische Vieh« damit auf. Aber nun wird mit dieser Ketzerei aufgeräumt. Nicht mehr heimlich im verborgenen, sondern offen und frei heraus. Dafür wird sein Bischof schon sorgen. Dafür war dieser der rechte Mann.

Solche Gedanken spinnend, saß Antonio Mendez auf seiner Pritsche und wartete voll Ungeduld auf den kommenden Tag.

Am Morgen des ersehnten Tages dann befand er sich zusammen mit Alvarez de Toledo, Don Josè de Flores und einer hundert Mann starken Eskorte auf dem Weg nach Zinacantan.

Am westlichen Rand der Sierra Madre del Sur, dort, wo das Gebirge in gewaltigen Brüchen zum Pazifischen Ozean abfiel, lebten die Zinacanteca. Sie selbst nannten sich Dzotzil, Fledermausleute. Doch seit jener Zeit, als Cortéz' rechte Hand, Pedro de Alvarado, auf seinen Raubzügen in den Chiapas gekommen war, hießen sie Zinacanteca. So hatten Alvarados mexikanische Begleiter den Namen übersetzt, und dabei blieb es.

Seit Menschengedenken lebten die Zinacanteca vom Salz. Sie gewannen es aus den Salinen in der Nähe ihrer Dörfer und Städte und trieben regen Handel mit den grob geformten Kegeln des gepreßten Minerals. Das Salz hatte ihnen einen gewissen Wohlstand beschert, und auf ihren Handelsfahrten waren sie weit herumgekommen. Sie waren gebildete Leute bar jeden Aberglaubens und lebten ruhig und zufrieden inmitten ihrer auf Vernunft gegründeten Welt.

Sie kannten den Golf von Mexiko von der Mündung des Tabascoöb bis hinunter nach Kimpech, der mächtigen Heimstatt der Itzás, der grauen Vorväter. Auf den alten Handelsstraßen von Chaktemal bis Chichen Itzá entlang der karibischen Küste, von Tonala am Pazifik bis Palenque inmitten der heißen Urwälder waren sie gewandert. Und sie waren es auch gewesen, die die Kunde vom Einfall der Spanier und die Berichte von grauenhaften Metzeleien in den alten Ländern Mayabs hinaufgetragen hatten ins Hochland, ins Reich der Mexica und weit hinunter durch den Petén nach Quiché, dem Waldland.

Sie wußten, daß diese fischhäutigen, bärtigen Eindringlinge keine Götter waren, wie die Mexica glaubten, sondern grausame Räuber und Schinder. Sie waren auch nicht überrascht vom Auftauchen der Eindringlinge, denn lange schon vor der Landung der ersten spanischen Karavelle lebten sie im Bewußtsein der Prophezeiung der Jaguarpriester, daß Bärtige vom Osten übers Meer kommen würden, um eine neue grausame Religion einzuführen, die den Tod für die Völker Mayabs brachte.

Als die Spanier dann auf ihrem Zug von Mexiko nach Guatemala in den Chiapas kamen, waren die Zinacanteca vorbereitet. In den steilen Abhängen des Flusses Tabascoöb nahe der Stadt Chiapan erwarteten sie die Eindringlinge. Sie kämpften erbittert und verzweifelt, wurden aber grausam und vernichtend geschlagen.

Die Spanier fielen nach diesem Sieg ungehindert in die Hochtäler ein, unterwarfen Städte und Dörfer, raubten den Zinacanteca die Salinen und verboten ihnen jede Art des Handels.

Seither lebten die Zinacanteca in Armut und Unterdrückung. Sie befragten jahrelang ihre Orakel, doch die Orakel waren tot, gestorben mit den freien Menschen. Da wandten sie sich von ihren alten, schwachen Göttern ab und suchten Trost bei diesem einen Gott der Weißen, der so kraftvoll für die Seinen eintrat - sie wurden Christen.

Doch nützte ihnen weder dies etwas, noch daß sie mit den Weißen durchs Gebirge zogen und ihnen, wenn auch widerwillig, bei der Unterdrückung und der Knechtung ihrer eigenen Brudervölker, der Chamulen und Zendalen, halfen. Sie lebten weiterhin als Sklaven dieser Weißen, waren deren Willen und der Gnade dieses neuen Gottes ausgeliefert. Schmerzlich erkannten sie, daß dieser Gott die Weißen schützte, doch die alten Völker schmähte. Da beschlossen sie, fortan das neu erbaute Gotteshaus zu meiden, ließen ihre Kinder ungetauft, riefen wie in alten Zeiten nach den Jaguarpriestern, daß sie beten sollten für Schutz und Hilfe.

So verging mehr als ein Jahrhundert und ein halbes noch dazu.

Doch dann geschah es, daß die Götter, die so lange geschwiegen hatten, wieder sprachen. Und sie taten es durch den Mund dreier Steine, die man im Eingang einer Höhle unterhalb des Gipfels des Tzontehuitz fand. Diese Steine nun verkündeten den Neubeginn der Weltenordnung und die Ankunft einer dunkelhäutigen Madonna, die den Zinacanteca Schutz bieten und Kraft geben werde. Da öffneten die Zinacanteca wieder ihre Kirche, bargen die sprechenden Steine in einem kunstvollen Schrein und schufen ein Bildnis ihrer neuen Gottheit, der Jungfrau Maria nicht unähnlich, doch mit schwarzem Gesicht und in ein brandrotes Tuch gekleidet. Die Kunde vom Erscheinen der Schwarzen Madonna eilte durchs Gebirge, verborgen, heimlich und in Rätsel gehüllt. Viele gebrochene Menschen aber verstanden die Botschaft, kamen nach Zinacantan, um Hilfe zu erflehen. Sie fanden dort eine neue, eigene Religion und Kraft. Zuversichtlich und gestärkt in der Hoffnung auf den Neubeginn der Zeit, kehrten sie zurück.

Und genau dies trieb Alvarez de Toledo, an der Spitze einer Schar Bewaffneter ins Gebirge zu reiten, um bei den Zinacanteca seinem Gotte erneut die nötige Achtung zu verschaffen.

Die Spanier erreichten die Stadt Zinacantan, als die Sonne schon hoch im Zenit stand. Mit zwanzig Soldaten und wehenden Fahnen preschte der Bischof auf den Dorfplatz, ließ von seinen Mannen die Kirche umstellen und drang in das Gebäude ein. Eigenhändig riß er die Schwarze Madonna vom Altar und schleppte sie zusammen mit dem Schrein, in dem sich die sprechenden Steine befanden, hinaus auf den Vorplatz. Dann befahl er, ein Feuer zu entfachen und die verfluchten Gegenstände zu verbrennen.

Und damit auch niemand diese reinigende Handlung versäumte, trieben de Toledos restliche Soldaten die Bewohner Zinacantans mit Tritten und Peitschenhieben im Zentrum zusammen.

Stumm vor Schreck, sahen die Zinacanteca ihre Heiligtümer in schwarzen Rauch aufgehen, und als die Steine in der Hitze des Feuers zersprangen, begannen sie zu weinen.

Der Anblick der weinenden Indios aber brachte den Bischof erst recht in Rage. »Ihr habt den Satan in Gottes Haus beherbergt!« brüllte er über den Platz. »Gott läßt diesen Frevel nicht zu. Gott ist allmächtig und einzig. Nur das reinigende Feuer kann die Schande tilgen, die auf euch und diesem Hause Gottes lastet!« Dann stieß er dem Dolmetsch die Faust in den Rücken. »Übersetze!« herrschte er ihn an und lauschte grimmig, als der Mann seine Worte in der Sprache der Indios wiederholte.

De Toledos Leute brachten inzwischen Reisigbündel, warfen sie in die kleine Kirche und entzündeten ein Feuer, um des Satans Stätte auszuräuchern. Anschließend mischten sie sich unter die Menge, ergriffen junge kräftige Burschen und Mädchen und legten ihnen Fesseln an. Tumult entstand, die versammelten Zinacanteca schrien auf und warfen sich zwischen die Soldaten, um ihnen ihre Söhne und Töchter zu entreißen. Doch diese trieben ihre Pferde mitten in die Menge, hieben mit den Säbeln auf die Menschen ein und peitschten blindlings ins Getümmel. Die Gefesselten warfen sich zu Boden und traten verzweifelt schreiend um sich. Doch die Soldaten zerrten sie an den Haaren wieder auf die Beine und trieben mit gefällten Bajonetten die Menge zurück.

Da gab Alvarez de Toledo das Signal zum Rückzug, und mit ihrer Menschenbeute in der Mitte bahnte sich die Eskorte ihren Weg. Erschüttert und entsetzt sahen die Zinacanteca ohnmächtig zu, wie man ihre Söhne und Töchter, vierzig an der Zahl, zusammengekettet aus der Stadt schleppte.

Stöhnend wankten die Menschen, die zurückgeblieben waren, zur Kirche, wo sie angesichts der Zerstörung fassungslos zusammenbrachen.

Alvarez de Toledo ließ seinen Trupp auf einem Hügel hoch über der Stadt Zinacantan anhalten. Klein und unwirklich erschien von hier oben der Ort. Ameisen gleich sah man Menschen durcheinanderlaufen und schwarzen Rauch in den Himmel steigen. Befriedigt betrachtete der Bischof sein wohlgefälliges Werk, schlug dem Mendez auf die Schulter und grinste breit und gar nicht bischöflich und christlich zu de Flores hinüber. Noch ehe die Sonne hinterm Tzontehuitz versank, erreichten sie Ciudad Real, wo sich de Toledo höchstpersönlich zu Don Victor Beltrano, dem Sklavenhändler, begab und ihm hart feilschend die vierzig Zinacanteca zu einem guten Preis verkaufte.

Des Bischofs Schandtat verbreitete sich wie ein Lauffeuer im ganzen Land. Doch der zog weiter unbeirrt von Stadt zu Stadt, von Dorf zu Dorf, hielt seine Strafgerichte und ließ

nicht den geringsten Besitz ungeschoren. Wer ihm nicht gab, was er verlangte, wurde vertrieben. Wer ihm verweigerte, was er im Namen des Herrn forderte, wurde getötet, Hab und Gut der Kirche einverleibt und die Angehörigen des Unglücklichen in die Sklaverei verkauft.

Vier Jahre dauerten de Toledos Raubzüge durch die Sierra Madre del Sur. Er wurde zum größten Sklavenhändler im Chiapas, und Hacendados, Fernhändler, Pflanzer gaben sich ein Stelldichein im Konvent von Ciudad Real. Sie handelten und schacherten mit dem Bischof um die Wette und füllten mehr und mehr dessen Säckel.

Endlich, nach vier Jahren, kehrte er in sein Amt zurück, zog die Reitkleidung aus und entlohnte die Soldaten.

Mit vierzigtausend Pesos in Gold und genauen Weisungen zur Wahrung seiner Geschäfte schickte er seinen Lizentiaten Don Josè de Flores wieder nach Spanien.

»Es ist getan«, sagte er, »und es ist wohl getan!«

Auf den Zuckerrohrfeldern der Tierra caliente, in den Holzfällerlagern am Rio Usumacinto, auf den Kaffeeplantagen am Pazifik, im fernen Nicaragua und im noch ferneren Darien aber starben die Versklavten de Toledos als Faustpfand Gottes.

Todesfurcht und tiefe Verzweiflung lagen über dem Hochland. Die Menschen verfielen in Schwermut. Heimlich beteten die indianischen Priester erneut zu Ixchel und Hunab Ku und baten inbrünstig um ein Zeichen. Der Götter Mund aber war durch die Feuer des Bischofs wieder verschlossen.

Da glaubten die Priester das Mitnal, das grauenhafte Reich der Unterwelt, hereingebrochen, vor dem es keinen Schutz gab. In erschreckenden Visionen malten sie das Ende der oberen Welt und der Himmel aus und schürten so zusätzliche Angst und neues Entsetzen. In den Dörfern duckte man sich, ergab sich der Fron und verbrannte des Nachts große Mengen Copal, um wenigstens den Auswurf der Unterwelt zu bannen.

Doch inmitten der Agonie gab es auch einige, die sich nicht von der allgemeinen Verzweiflung anstecken ließen. Sie erinnerten an die Seherin von Santa Marta, die der Bischof lebendigen Leibes hatte verbrennen lassen, an die Schwarze Madonna und die sprechenden Steine von Zinacantan. Sie sagten, nicht die Götter hätten sich verweigert, sondern die Menschen selbst, die der Zerstörung und dem Wüten keinen Einhalt geboten hätten - nicht in Santa Marta, nicht in Zinacantan, nirgendwo im Bergland. Sie sprachen zu den Verzweifelten von der Prophezeiung der Balun Canaan, nach der dem Mitnal das Land der Zukunft folgen werde, ein neues Mayab, und schürten so im verborgenen neue Hoffnung auf ein Zeitalter des Glücks.

Bald fand sich in jedem Dorf einer, der die Augen nicht zu Boden senkte, sondern aufrecht ging und klaren Blickes erkannte, daß Göttinnen und Götter nur dem Schwachen schwach erscheinen, dem Starken aber stark und kräftig.

Doch die meisten Menschen verließen sich nicht auf die Prophezeiung. Sie wollten, daß die Götter ihnen durch ein Zeichen wieder Halt gäben, und blieben ängstlich und verschlossen.

Auf einem kleinen Plateau inmitten der majestätisch stillen Gipfel der Sierra Madre del Sur saß die junge Dzotzilindianerin Nene Rosales im Schatten einer knorrigen Bergkiefer und beobachtete ihre kleine Ziegenherde.

Die Tiere fraßen ruhig und zufrieden das spärliche Zacategras. Dicke weiße Wolken zogen über den tiefblauen Himmel und tauchten das Plateau in schnellem Wechsel in schattiges Dunkel und gleich darauf in gleißendes Licht. Es war ein warmer Tag. Hin und wieder trug der Wind den schrillen Schrei eines Truthahns vom Dorf herauf, fuhr in pfeifendem Singsang in die Kronen der Pinien, die am Rand der Lichtung wuchsen, und rauschte weiter hangaufwärts.

Nene war gern hier oben. Sie liebte diese weite Stille, die Nähe des Himmels, die großartige Sicht.

Im Osten fiel das Gebirge in sanften Wellen hinab in die weiten Ebenen von Uluumil Kutz, dem schönen, vom Meer umspielten Land der Vorväter. Im Süden sah man dunkel und erhaben die Bergzüge Quichés, des Waldlandes, und zwischen den Hügeln der Vorberge blitzte wie Jadegestein das Wasser des Rio Jatatè.

Steil hinab fiel der Berghang, auf dem sich das Plateau befand. Tief unten im Tal lugten aus dem satten Grün der Bananenhaine und der Magueyhecken die Spitzen der graubraunen Palmdächer von Cancuc hervor. Klein und friedlich lag das Dorf im mittäglichen Glanz. So fern erschien es Nene, daß sie sich kaum vorstellen konnte, erst heute morgen von dort aufgestiegen zu sein. Von ihrem schattigen Platz aus beobachtete sie überall auf den Berghängen rund um das Dorf Männer und Frauen bei der Feldarbeit. Mit langen Grabstöcken arbeiteten sie sich mühsam das abschüssige Gelände hangaufwärts, setzten zwischen den Mais die Kletterbohnen und säuberten die Felder vom Wildwuchs.

Früher, so hatte ihr der Vater erzählt, waren Aussaat und Ernte fröhliche Verrichtungen gewesen. Damals, vor langer Zeit, betrieb ihr Volk den Feldbau noch in den Auen des Rio Jatatè. Dort war das Land flach und fruchtbar. Die Erde beschenkte die Menschen reichlich, und im klaren Wasser des Flusses gab es viele Fische. Man war satt und zufrieden. Die Tage der Maissaat krönte der weihevolle Chitic, der Stelzentanz, und in den Nächten wurden Dankesfeste zu Ehren des Sonnengottes Hunab Ku, des Sämanns von Mais und Fisch, gefeiert.

Auf den guten, alten Böden aber saßen breit und fett jetzt die Kastilier.

Ihrem Volk blieben für den Feldbau nur noch die Steilhänge. Dort jedoch schwemmte der Regen den aufgebrochenen Boden fort, Muren rissen die Milpas mit sich und bedeckten die tiefer gelegenen Felder mit Geröll und Schlamm. Häßliche rote Wunden in den Hängen zeugten von den Unbilden der Natur, und manches Jahr war die Ernte weit unter dem Notwendigen geblieben.

Schläfrig lehnte Nene sich zurück und schloß die Augen. Sie dachte an die trauten Abende im Dorf, wenn auf heißen Steinen die Fladen aus Maismehl rösteten und sich der warme Duft der Speisen mit dem hellen Rauch des Feuers mischte. Dann saß sie zusammen mit den anderen im knisternden Halbdunkel und lauschte gespannt den Erzählungen der Alten.

Unheimliche und aufregende Geschichten hörte sie da von Dzotz, der Fledermaus, Kek, dem mächtigen weißen Eber, und Tziis, dem schwarzen Dachs. Früher lebten diese heiligen, göttlichen Tiere bei den Menschen. Seit dem Erscheinen der Kastilier jedoch waren sie verschwunden.

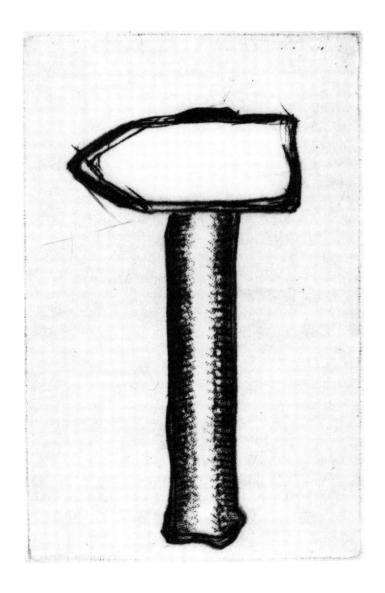

Sie hielten sich versteckt, damit sie nicht dasselbe Schicksal ereile wie die Menschen der Berge.

Mit Entsetzen erinnerte sich Nene noch an jenen Tag vor vielen Jahren, als die Kastilier nach Cancuc gekommen waren, mit schnarrender Stimme Tributverpflichtungen verlasen und, beladen mit der Hälfte der Vorräte an Mais, Bohnen und Geflügel, wieder abzogen. Damals war Nene ein kleines Mädchen gewesen. Jetzt war sie eine junge Frau. Doch in all den Jahren seither mußten zehn kräftige junge Männer des Dorfes jeden Monat für sechs Tage hinauf ins Hochtal von Jovel, um dem bischöflichen Konvent die Abgaben des Dorfes zu bringen und am Bau der großen Kirche zu helfen. Das war schon grausam genug, aber noch grausamer traf es andere Dörfer. Hunderte von Dzotzil, Zendalen und Chamulen hielten die Kastilier gefangen und zwangen sie zum Bau der Kirche. Bis zur Unmenschlichkeit wurden sie angetrieben, damit der Gott der Weißen nur schnell genug sein Haus bekam. Groß und mächtig sei dieses Haus schon. Größer und gewaltiger solle es noch werden. Mit Blut aus den Bergen würde es bezahlt, sagten die Gefangenen. Nene hörte schaudernd solche Nachrichten. Ja, er war nicht barmherzig, dieser Gott der Weißen. Maß mit zweierlei Maß. Er hatte sich seit den Tagen der ersten Kastilier sehr verändert.

Viele Zeitalter vor Nenes Geburt waren bärtige Kuttenmänner ins Dorf gekommen und hatten von Gott, seinem Sohn und der Jungfrau vom Rosenkranz erzählt. Ein Kreuz hatten sie dort, wo jetzt auf einem Hügel die kleine Kirche stand, errichtet und in der Sprache der Dzotzil gepredigt. Die Bewohner Cancucs hatten den Geschichten gelauscht, sich taufen lassen und zusammen mit den Kuttenmännern, die sich Dominikaner nannten, die schlichte Kirche gebaut. Zwei Jahre waren die Bärtigen geblieben, hatten im Dorf gewohnt, Freud und Leid mit den Dörflern geteilt, gelehrt und gelernt, und als sie wieder gingen, vermachten sie den Einwohnern, was sie mitgebracht hatten - seltsame Tiere mit fremdartigen Namen wie Schaf, Huhn oder Ziege. Zurück ließen sie auch die weiß gewandete Figur der Jungfrau vom Rosenkranz und den Glauben an den neuen Gott, der viel mächtiger schien als die alten Götter.

Aber jetzt hatte der weiße Gott sein wahres Gesicht gezeigt. Nicht mehr mit frommen Gebeten kamen die Kuttenmänner in die Dörfer, sondern mit schwerer Bewaffnung im Gefolge. Sie brachten auch keine Tiere und Pflanzen, sondern stahlen die Ernten und raubten den kargen Schatz der Kirchen.

Seither endeten die Gespräche an den abendlichen Feuern in lauten Klagen über immer neue Greueltaten der Kastilier.

Nene, im Schatten der Kiefer schlummernd, seufzte tief. Sie träumte von den schwarzen Schrecken des Mitnal, wie sie die Priester in grausamen Visionen schilderten. Entfesselt wüteten da die Mächte der Dunkelheit.

Durch die Fluten brennender Flüsse tanzten irrlichterne Mischwesen, halb Mensch, halb Tier. Aus der Finsternis erstanden Unholde mit knochenbleichen Gesichtern und zuckenden Bärten und griffen mit klammen Fingern nach den hilflosen Menschen, die einen Ausweg aus der Hölle suchten. Von keiner Macht gebändigt, tobte der Spuk über die Erde und begrub alles Leben unter sich wie flüssiger Stein.

Nene zitterte im Schlaf und rang nach Luft. »Gott hat die Berge verlassen«, stieß sie aus.

»Nein!« entgegnete da eine Stimme, hell wie der Wind in den Wipfeln der Bäume. »Nein!« klang es hallend in Nenes Kopf, »Gott ist zurückgekommen!«

Nene riß die Augen auf. Weich fuhr ihr der Wind ins Gesicht. Am Rand des Plateaus unter den Pinien stand eine Frau. In schimmernd weißem Kleid und Schleier schwebte sie in einem Ring aus goldenem Licht. Ihren Hals schmückte eine Kette aus schwarzem Stein.

Nene sprang auf. »Wer bist du?« rief sie erschrocken.

»Ich bin die Jungfrau, die Mutter. Fürchte dich nicht«, antwortete die Frau. Nene aber drückte sich ängstlich an den Stamm der Kiefer und beobachtete die weiße Erscheinung.

»Hab keine Angst, Kind«, sagte diese freundlich und kam jetzt mit wiegenden Schritten über die Lichtung.

Nene wollte sich von der Kiefer abstoßen. Fort von hier! schoß es ihr durch den Kopf. Weg! Bloß weg!

Doch die sanfte, beruhigende Stimme der weißen Frau ließ sie verharren. Wie das leise Rauschen der Gräser im Wind war diese Stimme. Hin und her gerissen zwischen Angst und Neugierde, blieb Nene und beobachtete den wiegenden, schwebenden Gang der Frau. Je näher sie herankam, um so mehr schwand Nenes Furcht. Und als die Frau dann vor ihr stand, groß, weiß und schimmernd, sank Nene in die Knie. Angst und Schrecken fielen von ihr ab wie eine schwere Last. Sie fühlte sich plötzlich ganz leicht, emporgehoben und umschmeichelt vom warmen Glanz des Lichtes. Tränen traten ihr in die Augen. Glück! Glück! dröhnte es in ihrem Kopf.

»Steh auf, Kind, und setz dich neben mich«, befahl die weiße Erscheinung. Nene aber war nicht in der Lage zu gehorchen. Weinend blieb sie wie angewurzelt auf den Knien und lauschte dieser hellen Stimme.

»Wein doch nicht, Mädchen!« hörte sie die Frau sagen. »Ich bin gekommen, um dir eine frohe Botschaft zu bringen. Gott fürchtet um seine Kinder in den Bergen. Es bedrückt ihn zu sehen, wie schlecht ihr behandelt werdet, denn Er ist der Gott der Armen und Schwachen. Er wird jene strafen, die das Leid in die Welt gebracht haben und Seinen Namen mißbrauchen. Er hat euch nicht verlassen, o nein! Er lebt mit euch. Er wird euch schützen gegen jene, die euch schlagen, die euch verschleppen, die euch das Blut aussaugen und die Fron bringen über euer Land. Dies soll ich dir sagen, damit du es deinem Volk verkündest. Aber ich bin auch gekommen, um euch mitzuteilen, daß ich nicht länger die Mutter der Kastilier bin. Ich bin die Mutter der Völker in den Bergen, der Völker, wie sie hier leben seit dem Anbeginn der Zeit. Sieh mich an!«

Nene hob den Blick. Statt der weißen Frau stand plötzlich Maychel vor ihr, die Göttin des Mondes und der Liebe, nackt bis auf ein rotes Tuch um die Lenden, die schweren Brüste glänzend wie Kupfer im Licht der Sonne. Ein warmes Lächeln erhellte das braune Gesicht, und die Farben des feurigen Regenbogens tropften gleich Edelsteinen von den schwarzen Locken.

Starr vor Verwunderung blickte Nene auf die Gestalt. Die weiße Frau und die Göttin verschwammen ihr vor den Augen. Sie waren eins und doch gleichzeitig verschieden. Bald verblaßte die weiße Jungfrau, und die Göttin stand stark und aufrecht im Licht des Regenbogens. Augenblicke später aber verlöschte auch Maychel im Dunst des blauen Himmels.

»Gott ist zurückgekehrt! Die Götter leben!«

Ein letztes Mal hörte Nene die silbern helle Stimme. Dann war es still. Nur der Wind pfiff wie zuvor durch die Kronen der Pinien am Rand der Lichtung.

Am nächsten Morgen fanden die Dorfbewohner von Cancuc nach langem Suchen Nene auf dem kleinen Plateau. Ihre Ziegen standen bei der knorrigen Kiefer und betrachteten gelangweilt die Ankommenden. Reglos kniete Nene auf dem Boden. Sie erkannte niemanden. Klamm von der Kälte der Nacht, starrte sie blicklos auf den Fleck Erde, den die Göttin berührt hatte. Dort lagen, funkelnd im Lichterspiel der aufgehenden Sonne, die flammend roten und gelben Federn des Feueraras, die smaragdgrünen des Quetzalvogels, die nachtblauen des Kakadus. Ehrfürchtig knieten sich die Leute aus Cancuc nieder, berührten scheu die heiligen Federn, streichelten zart über den weichen Flaum. Und plötzlich ging ein Aufschrei der Überraschung durch die Menge. Inmitten der Federn, gleichsam in ein Nest gebettet, lag schwarz und schwer ein Rosenkranz. Von dem Schrei aufgeschreckt, erwachte Nene aus ihrer Starre und sah verwirrt auf die Umstehenden.

»Die Göttin ... Maychel ... ist zurückgekehrt ... die Jungfrau ...« stammelte sie. Da packte sie der alte Seher Sipit Muyal, der mitgekommen war, schwer atmend an den Schultern.

»Was sprichst du da, Mädchen!« herrschte er sie an. »Vergeh dich nicht an den Göttern!«

Nene aber riß sich los und schrie mit letzter Kraft das Unfaßbare aus sich heraus: »Maychel, die Göttin, die Jungfrau vom Rosenkranz. Sie war hier. Ja, sie war hier. Die Götter leben!«

Dann sank sie bleich und erschöpft in sich zusammen und spürte nicht mehr, wie starke Arme sie aufhoben, den steilen Hang hinunter ins Dorf trugen und zu ihrer Hütte brachten.

Zur gleichen Zeit, als man die bewußtlose Nene nach Cancuc trug, fand man in den Bergen unweit von Ciudad Real den Dzotzil Sebastian Gòmez zusammengebrochen auf dem Marktplatz seines Heimatdorfes Chenelho. Der eilig herbeigerufene Heiler beugte sich besorgt über den Leblosen, konnte aber auch nach eingehender Untersuchung nichts Klärendes aussagen. »Er ist nicht tot. In seinem Körper ist er jedoch auch nicht«, bemerkte er hilflos.

Man beschloß, Sebastian liegen zu lassen, damit er wieder in seine fleischliche Hülle zurückfände, sofern er das wollte. Nach und nach versammelten sich immer mehr Dorfbewohner um den Mann, der sich nicht rührte. Er lag einfach da, starr und leeren Gesichts. Scheu blickte man auf ihn hinab, wägend, ob neue Krankheit und Seuche das Dorf durch den Körper Sebastian Gòmez' heimsuchten.

Einige hatten ihn am frühen Morgen noch weggehen sehen, und sie wußten, daß er, beladen mit Töpferware, zum Markt nach Ciudad Real losgezogen war. Wo also sind seine Waren verblieben? Man erging sich in Vermutungen über das Verschwinden der Töpfe und Vasen. War er wieder umgekehrt? Hatte er sie liegenlassen? Man suchte in seiner Hütte, verfolgte ein Stück den Weg entlang des kleinen Flusses, doch man fand nichts und blieb ratlos.

Da kam der Nachbar von Gòmez ins Dorf zurück, bahnte sich neugierig den Weg durch die Umstehenden, um den Anlaß der Versammlung zu erfahren, und schrie entsetzt auf, als er Sebastian erkannte. Er hatte den Töpfer heute morgen begleitet und sich erst vor zwei Stunden von ihm getrennt. Sebastian sei weiter ins Tal von Jovel hinabgestiegen, beladen mit seinen Waren, versicherte er den Versammelten verwirrt. Es sei unmöglich, daß Sebastian vor ihm ins Dorf zurückgekehrt sei, denn er komme gerade auf demselben Weg.

Da wurde es den Dörflern unheimlich. Hierhin und dorthin gingen die Mutmaßungen, doch niemand fand eine einleuchtende Erklärung. Der Heiler bestrich Sebastians Nacken und Gesicht mit einer Salbe aus dem Fleisch der Agave, wirksam gegen Schlangenbisse, und blies ihm ein Pulver aus getrockneten Feigen des Alamobaumes in die Nase, um ihn von einem möglichen Wahnsinn zu befreien. Doch nichts zeigte Wirkung. Wie zuvor lag der Körper schlaff und leblos da.

Stunden vergingen. Die Sonne stand schon hoch am Himmel, da richtete sich Sebastian Gòmez plötzlich auf. Wie aus tiefem Schlaf erwacht, rieb er sich die Augen und blickte sich verwundert um. Was hatte er da geträumt? Hatte er denn geträumt? Nein. Er sah noch alles klar vor sich. Er war im Himmel gewesen!

Er erinnerte sich genau. Auf seinem Weg hinab nach Ciudad Real hatte er eine kurze Pause gemacht, den Lastriemen gelockert und vorsichtig seine Töpfe abgestellt, und als er sich aufrichtete, sich streckte und die müden Knochen schüttelte, stand vor ihm der heilige Petrus. Erschrocken hatte er sich umgedreht, doch San Pedro hatte lachend gesagt: »Bleib da, Sebastian. Ich hab auf dich gewartet.« Und ehe Sebastian sich's versah, war er mit San Pedro in den Himmel hinaufgeflogen.

»Heute ist ein großer Tag, Sebastian. Ein großer Tag für Götter und Menschen«, hatte ihm Petrus eröffnet. »Auch du kennst die Prophezeiung der Balun Canaan: ›Wer durch das Mitnal geht, erlebt den Neubeginn der Zeit.‹ Heute hat sie sich erfüllt. Die Götter sind zurückgekehrt! Sie bringen den Menschen eine neue Religion. In Cancuc haben sich die

Götter offenbart. Du sollst nach ihrem Willen der Hirte dieser neuen Religion sein, der Gründer einer neuen Kirche! Laß sie eine Kirche der Menschen sein, eine Kirche des neuen Mayab! Geh also, Sebastian, denn die Zeit eilt! Geh nach Cancuc, und gründe die Kirche!«

Ja, so war es gewesen. Das waren die Worte, die San Pedro Apoxtal zu ihm gesagt hatte, und Akau Kin, der Gott des Lichtes, und Hesoristo, der heilige Señor vom Santa Cruz, hatten ernst dazu genickt und wohlwollend auf Sebastian geblickt.

Dann war er mit Petrus, dem San Pedro Apoxtal, noch einmal durch die Lüfte gefahren und hatte gesehen, wie klein und zufällig die Dörfer seines Volkes inmitten der gewaltigen Gebirgszüge lagen, verstreut wie Maiskörner nach einer guten Ernte. Weit im Westen hatte er blaue Wasser erblickt, träge und unendlich und friedvoll. Das stille Meer hatte es San Pedro genannt. Im Osten dagegen sah Sebastian ein stürmisches Meer. Rastlos rollte es an von fernen Küsten, peitschte sich durch maßlose Weiten, trieb die Schiffe der Eindringlinge, der Kastilier, mit sich und spuckte sie an den Küsten Mayabs aus. Zahllos und gierig kamen sie ins Land, und Sebastian verzagte beim Anblick dieser Heerscharen. Petrus aber deutete auf sie und rief ihm beruhigend zu: »Sie sind verloren, denn sie haben ihre Seelen verkauft! Sie haben keinen Gott mehr, der sie liebt, denn sie lieben nur sich selbst!«

Jetzt stiegen San Pedro und Sebastian höher, hinaus über die höchsten Sitze der Götter, so hoch, daß Sebastian das ganze Ausmaß der Welt zwischen den Wassern begriff. Er sah das Land der Tehuelche, der Großfüßigen, im südlichsten Süden und das Land der Inuit, der Eismenschen, im nördlichsten Norden, und Stolz erfüllte ihn ob dieser Größe und Schönheit.

Aber noch ehe er sich satt gesehen hatte, schossen sie wieder in engen Kreisen abwärts. Das silberne Band des kleinen klaren Flusses seines Heimattales und die Hütten seines Dorfes wuchsen ihnen entgegen, und Augenblicke später hatte Petrus ihn abgesetzt.

»Vergiß es nicht, Sebastian, Gott ist die Größe und die Vielfalt! Gott wohnt nicht in engen Mauern, schwarzen Kutten und blitzenden Harnischen. Vergiß es nicht! Heute geschieht Unrecht im Namen des heiligen Señors vom Santa Cruz. Doch morgen beginnt die neue Zeit. Geh nach Cancuc! Geh und gründe die neue Kirche!« Mit diesen Worten war San Pedro wieder verschwunden.

Staunend hatten die versammelten Dorfbewohner der Erzählung gelauscht. Etwas Wunderbares war geschehen. Einer der ihren war auserwählt, ja, da war kein Zweifel. Man sah es, man fühlte es. Ein Leuchten war um den Töpfer Sebastian Gòmez aus Chenelho.

Mit heller, klarer Stimme begann er zu singen: »Hunab Ku und Pedro Apoxtal haben den Weg gewiesen. In Cancuc säten sie den neuen Mais. Die Pflanze wächst, und viele Pflanzen sind ein starkes Feld. Kein Wind wird es brechen. Ich werde euch verlassen, denn mir ward befohlen, die Saat von Cancuc ins Land zu streuen, damit ein Mayab wächst, stark wie der Mais. Es gibt kein Zurück, wie auch die Pflanze niemals kleiner wird. Und es gibt keine Ernte, wenn der Sämann die Saat verschläft. Ja, und der Sämann bin ich. Ja, so wollen es die Götter. Ja, so will es Pedro Apoxtal. Aio, drum werd ich euch verlassen!«

Nachdem er geendet hatte, traten die Ältesten vor ihn hin. Unter ihnen war auch der Heiler, der eilig aus seiner Hütte die neun rituellen Kiefernzweige geholt hatte, die man benutzte, um den Göttern zu danken. Die steckte er jetzt vor Sebastian kreisförmig in die Erde. Im Innern dieses Kreises entzündete er neun Kerzen. Als die Kerzen brannten, hob er gebieterisch die Arme, bis die Versammelten verstummten. Dann wandte er sich feierlich an Sebastian: »Mein Sohn, du hast das Zeichen bekommen! Die Balun Canaan und die sprechenden Steine von Zinacantan hatten recht. Die Götter haben uns nicht verlassen. Sei du jetzt unser Licht in der Nacht! Sei du die Kühle im heißen Mitnal! Geh nach Cancuc und tu, wie dir befohlen wurde von den Göttern!«

Noch zur selben Stunde schnürte Sebastian sein Bündel, verließ sein Dorf und marschierte frohen Mutes und voll Erfüllung durch die Berge. Als es dunkelte, traf er auf den Pfad nach Moxviquil, der alten, verborgenen Tempelstätte am Rand des Joveltals. Und trotz der Eile, die ihn trieb, beschloß er, durchs Gestrüpp hinaufzusteigen, bis er die Stufen fand, die zur großen Pyramide führten. Atemlos erreichte er die Plattform, ließ sich bäuchlings niederfallen und schmiegte seine Wangen zärtlich an den kühlen Stein. Er lachte glücklich und zufrieden in die Dunkelheit. Ja, dort unten lag die Stadt der Fremden, der Kastilier, die nicht ahnten, daß ihr Gott sich von ihnen abgewandt hatte, die ihm dort ein Haus erbauten, das er nicht beziehen wollte. Ja, es war zum Lachen, wenn man's recht bedachte, und er tat's aus voller Kehle.

Schließlich erhob er sich, sprang behende die verwachsenen Stufen hinab und machte sich eilig auf den Weg nach Cancuc. Er wanderte die ganze Nacht hindurch in gespannter Erwartung. Hin und her flogen seine Gedanken, eilten ihm voraus nach Cancuc und entschwanden. Sie verschafften ihm jedoch keine Ahnung, was ihn dort erwarten würde. Trotzdem freute er sich.

Bei Tagesanbruch erreichte Sebastian Gòmez das sanfte Tal von Cancuc. Heller Aufruhr lag über dem Dorf. Niemand beachtete den Ankömmling. Männer und Frauen hasteten an ihm vorbei. »Ein Wunder! Die Kirche! Kommt! Seht!« schrien sie laut durcheinander, während sie durchs Dorf rannten. Aus allen Hütten trieb es die Menschen, und sie strömten zur Kirche hinauf und zogen Sebastian einfach mit sich.

Sie schoben und drängten hinein ins Innere des Gotteshauses. Sebastian schob und drängte mit. Er sah viele Leute vor der kleinen Statue der Jungfrau vom Rosenkranz knien, jener Figur, die damals von den Dominikanermönchen zurückgelassen worden war. Im Laufe der Jahre war sie verblaßt und mehr und mehr vergessen worden seit dem Fortgang der Padres. Unscheinbar und unbeachtet hatte sie bald ein Jahrhundert in der Nische gestanden. Doch nun blickten die Menschen andächtig zu ihr auf.

Statt der weißen, fischhäutigen Madonna der Padres stand jetzt das kraftvolle, dunkle Ebenbild Maychels in der Nische. Geheimnisvoll flossen die Farben des Regenbogens um ihren Körper und tauchten die Gesichter der Staunenden in ein buntes Licht. In einen Kreis vor der Nische waren die heiligen Federn gestreut und darin der Rosenkranz gebetet, so wie man alles auf dem Plateau gefunden hatte.

Sipit Muyal, der Seher, begann leise und zittrig zu singen. Dunkle Trommelklänge begleiteten ihn. Zögernd zuerst, dann aber immer kraftvoller, stimmten die Menschen in der Kirche ein in das alte Gebet vom Anfang der Dinge und der Geburt der Weltenordnung. Im Kreis tanzten die Frauen um die heiligen Federn, und die Männer stampften den Rhythmus. Inmitten der Frauen tanzte Nene Rosales, und ihre Augen verweilten auf dem Gesicht des Fremden, der von den anderen in die Kirche geschoben worden war. Sebastian spürte den Blick, fand die junge Frau und wußte sofort, daß sie es war, die den Menschen in Cancuc die Botschaft gebracht hatte. Auch sie war ein Werkzeug der Götter.

Später am Tage saß man bequem in Gruppen auf dem kleinen Marktplatz von Cancuc. Die Gipfel der umliegenden Berge leuchteten warm im letzten Licht der Sonne, das Tal lag schon im Schatten. Feuer waren entzündet worden, und die Frauen rösteten Tamales in kleinen Kohlebecken. Kessel mit Maisbier wurden herangeschafft, und einige Burschen brieten Fasane, Truthähne und Leguane in der Glut. Über dem Platz mischte sich der Duft der Speisen mit dem warmen Wind aus den Bergen, und die Menschen eilten geschäftig hin und her, erfüllt von Vorfreude auf das Fest zu Ehren Maychels und des Wunders von Cancuc. Zu lange schon hatte es keinen so glücklichen Anlaß mehr gegeben, zu lange schon vermißte man den Klang der Bululuflöten, der Ledertopftrommeln, der Rasseln, der Arpa und der Kitara. Und darum hatte jeder gegeben, was er entbehren konnte, und noch mehr, damit es ein großes, ein feierliches, aber auch ein lustiges Fest werden würde.

Abseits des allgemeinen Trubels saßen an einem kleinen Feuer die Mayores von Cancuc, unter ihnen der Seher Sipit Muyal, der Kazike Rafael Cun sowie Nene Rosales und einige jüngere Männer. Ergriffen lauschten sie der Erzählung Sebastian Gòmez'. Dieser schilderte zunächst in schlichten Worten seine Himmelfahrt und berichtete von seinem Auftrag, doch als er seine Eindrücke von der vielfältigen Größe der Welt wiedergab, geriet er ins Schwärmen. Die Männer beugten sich interessiert vor, und Nene hing gebannt an

Sebastians Lippen. Es war unglaublich, was dieser Mann erzählte, doch er schien über jeden Zweifel erhaben. Wie hätte er sonst so schnell den Weg hierher gefunden? Er hatte nichts bei sich, weder Waffe noch Ware, die in ihm den Jäger oder Händler vermuten ließ, der zufällig des Weges gekommen war. Nein, er war von den Göttern gesandt. Zweifellos.

»Merkwürdig und wunderbar ist das, was du erzählst, Sohn«, sagte schließlich Rafael Cun. »Nach all den Jahren der Not erfüllt sich nun doch die uralte Prophezeiung. Es scheint, daß die Götter tatsächlich zurückgekommen sind.«

»Und sie wollen Unrecht und Unterdrückung bestrafen. Das jedenfalls hat Maychel gesagt«, warf Nene ein.

»Ja, das werden sie tun, wenn die Völker der Berge wieder vereint sind im Glauben!« entgegnete Sebastian zuversichtlich.

Da griff Sipit Muyal in das Gespräch ein. »So einfach, wie ihr es seht, ist das nicht«, wies er Nene und Sebastian zurecht, »denn auch unser Elend kam durch den Willen der Götter. Gerechtigkeit, so sagt die alte Überlieferung, wird es erst geben, wenn die Tränen aus den Augen Gottes herabfließen auf die Erde und Raub, Gewalt und Wucher fortschwemmen. Die Tränen Gottes befruchten den Glauben der Menschen, aber erst wenn die Seelen der Menschen sich dem Licht und dem Samen des Himmels öffnen, wird das Mitnal beendet sein.«

Ruhig und gelassen zitierte der Seher den alten Text der Jaguarpriester und blickte dabei streng und beherrscht in die Runde. »Das sagt uns die Prophezeiung der Balun Canaan, und nicht erst seit heute, sondern seit uralter Zeit. Es ist nicht leicht, den Willen der Götter zu verstehen und ihre Zeichen zu deuten. Viele Weise vor euch haben dies schon versucht«, erklärte er belehrend.

»Aber wir kennen doch jetzt den Willen der Götter. Sie haben uns das Zeichen gegeben. Der Neubeginn der Zeit ist da.« Sebastians Augen leuchteten. »Überall in den Bergen warten die Menschen auf dieses Zeichen. Man muß es ihnen nur bringen!« rief er.

Da jedoch unterbrach Pedro Canek, einer aus der Runde der jungen Männer, Sebastians Schwärmerei. »Die Kastilier werden dieses Zeichen nicht zulassen. Sobald sie davon erfahren, werden sie kommen und die Statue und die Kirche zerstören. Mit Brand und Mord werden sie hier einfallen. Es wäre ja nicht das erstemal.« Höhnisch blickte er Sebastian an, und mit Bitterkeit in der Stimme fuhr er fort: »Sei du nur der Prophet der neuen Kirche. Aber wenn die Kastilier unser Wunder vernichten, wie sie es bisher mit allen Wundern getan haben, wird auch der Glaube wieder welken wie ein Baum ohne Wasser.« Die jungen Männer um Pedro Canek nickten zustimmend.

Sebastian erwiderte versöhnlich: »Du hast sicher recht, Bruder. Ohne den Beistand der Götter wird die Kirche nicht zu schützen sein. Aber nur wer glaubt, erfährt diesen Beistand.«

Da fuhr Pedro Canek verärgert auf: »Was, bitte, geschah dann in Santa Marta und in Zinacantan? War's nicht in Zinacantan ein Wunder genau wie hier? Die Götter hatten gesprochen, oder etwa nicht? Doch die Schuld für das Unheil, das daraus folgte, liegt nicht bei den Göttern. Laß dir sagen, was not tut: daß die Menschen ihren Glauben, ihre Götter schützen. Machen es die Kastilier nicht ebenso? Ihr Gott ist stark, weil sie stark sind. Das ist das Geheimnis ihrer Religion!«

Sebastian erwiderte nichts. Insgeheim gab er zu, daß etwas Wahres an dem dran war, was der andere sagte. Es war jedoch nicht seine Aufgabe, hier in Cancuc die Kirche zu schützen. Er sollte nach dem Willen der Götter der Prophet dieser Kirche sein, ein Mann des Wortes, des Glaubens, nicht der Taten. Dennoch hörte er interessiert den Ausführungen Pedro Caneks zu. Dieser legte jetzt mit eindringlichen Worten die Notwendigkeit einer wirksamen Wehr dar, forderte die Gründung einer Schutztruppe für Kirche und Dorf und fegte dreist die Einwände der Mayores beiseite. Immer neue Argumente führte er gegen die Wankelmütigkeit der Alten ins Feld. Immer hitziger wurde sein Vortrag. Er steigerte sich richtig hinein. Ein neues Mayab erstand in den Visionen des jungen Mannes, ein Mayab, tief verwurzelt im alten Glauben, vereint im Kampf gegen die kastilischen Eindringlinge. Cancuc war erst der Anfang. Beifällig pfiffen die Burschen am Feuer, still und nachdenklich waren die Alten. Sipit Muyal, der Uralte, brach zuerst das Schweigen. Erneut zitierte er aus den geheimnisvollen Texten der Prophezeiung: »›Von den Balun Canaan kommt die Schwarze Schlange, und sie spritzt ihr höllisches Gift in die Hälse der Mörder der Menschheit, sticht ihre Reißzähne in die Körper der Würger des Volkes, vergifteten Lanzenspitzen gleich. Tückisch ist sie und grausam, und darum siegreich. Denn so kämpft die Schwarze Schlange den heiligen Kampf der Götter.‹«

Still lauschten die Versammelten dem Vortrag des Sehers. Dieser war jetzt aufgestanden und ging, noch während er die letzten Worte sprach, zu Pedro Canek. Mit seinen alten, rauhen Händen strich er ihm über Wangen, Augen und Scheitel und zwang ihn schließlich, zu ihm aufzuschauen. Lange ruhte sein Blick auf dem Sitzenden. Dann sagte er leise und bestimmt: »Auch du, Can-ek, bist ausersehen von den Göttern.«

»Can Ek« aber bedeutete in der Sprache der Dzotzil »Schwarze Schlange«.

Da senkte der so Angesprochene verlegen die Augen zu Boden, ergriff die Hände des Sehers und kniete nieder. »Vater«, sagte er leise, »ich weiß nicht viel von den alten Überlieferungen. Ich kenne sie zuwenig, um daraus den Willen der Götter zu deuten. Aber ich kenne die Kastilier gut genug, um zu wissen, wie man sich gegen sie schützt.«

»Damit weißt du schon sehr viel mehr als die meisten Menschen hier in den Bergen, mein Sohn«, erwiderte der Seher freundlich. Dann wandte er sich an die anderen: »Viele von euch wollen die Worte dieses jungen Mannes nicht hören. Ihr denkt, es genügt, an die Götter zu glauben. Aber ich sage euch, es reicht nicht! Wir müssen tun, was Pedro Canek vorschlägt. Wir müssen unseren Glauben verteidigen, denn nur dann wird er wachsen, wie es die Götter wollen.«

Rafael Cun, der Kazike, erhob sich. »Wir bezweifeln deine Worte nicht, verehrter Seher«, lenkte er ein, »und wenn du gutheißt, was Pedro Canek vorschlägt, dann wollen wir uns dem nicht verschließen. Wir werden später darüber beraten. Jetzt aber laßt uns erst das Fest genießen!«

Und so wurde die Runde an dem kleinen Feuer versöhnlich und zufrieden beendet. Man ging hinüber auf den Platz und tat sich gütlich an den Speisen, berauschte sich am Maisbier und tanzte.

Übernächtigt trat am Morgen nach dem Fest Sebastian Gòmez aus der kleinen Kirche. Er blinzelte verschlafen in den diesigen Tag. Tief in der Nacht war er, trunken vom Maisbier, zusammen mit Nene in die Kapelle hinaufgewankt, und gemeinsam hatten sie zu Maychel gebetet, um Kraft und gutes Gelingen gefleht. Arm in Arm waren sie schließlich vor dem Bildnis der Göttin eingeschlafen. Als er nach nur wenigen Stunden wieder erwachte, fand er sich allein im Raum. Jetzt lief er ins Dorf hinab und sog im Lauf die frische Luft in seine Lungen.

Auf dem Marktplatz lagen noch viele Menschen tief im Schlaf. Vorsichtig stieg Sebastian über sie. Er überquerte den Platz und ging zur Hütte von Rafael Cun.

Dort saßen unter dem Vordach Nene, Pedro Canek und Sipit Muyal. Sebastian schulterte sein Bündel. »Ich werde jetzt gehen«, sagte er schlicht.

Sipit Muyal faßte ihn bei der Hand. »Paß auf dich auf, mein Sohn. Ein gefährlicher Weg liegt vor dir. Es wird nicht leicht werden, Cancucs Wunder der Welt zu verkünden, ohne daß es die Kastilier hören.«

»Ich werde vorsichtig sein, verehrter Seher«, erwiderte Sebastian, »doch mit der Hilfe der Götter wird es gelingen. Und mit der Hilfe Pedro Caneks.«

Sebastian zwinkerte dem jungen Mann freundlich zu. Dann umarmte er Nene, verbeugte sich vor Sipit Muyal und machte sich auf den Weg.

Er hatte gerade die Grenzen des Dorfes verlassen, als Pedro Canek ihn einholte.

»Sebastian, warte!«

Sebastian blieb stehen.

»Ich weiß«, begann Pedro Canek, »daß dir vieles von dem, was ich gestern am Feuer sagte, unsinnig erscheinen mag. Die Götter haben nun einmal nicht zu mir, sondern zu dir gesprochen. Aber, und da bin ich mir ganz sicher, wenn wir das Wunder von Cancuc nicht schützen, wird es in der Welt keinen Bestand haben.«

Er machte eine Pause und gab sich einen Ruck. »Gestern nacht, während du in der Kirche warst, haben wir beschlossen, uns zu bewaffnen. Wir werden nicht kampflos zusehen, wenn die Kastilier unsere Kirche schänden, die Göttin verbrennen und uns verschleppen. Wir werden kämpfen! Ich werde morgen im Auftrag von Rafael Cun und Sipit Muyal das Dorf verlassen, um Krieger zu suchen, die sich dem Kampf anschließen wollen. Ich bitte dich deshalb um eines: Verkünde nicht nur das Wunder von Cancuc, sondern sage den Menschen auch, daß man es schützen muß!«

Sebastian legte ihm die Hand auf die Schulter.

»Ich bin kein Krieger, Pedro, aber ich werde tun, worum du mich bittest. Denn eines ist mir durch dich klargeworden: Ein neues Mayab entsteht nicht nur durch Gottes Wort.«

Da drückte ihm Pedro Canek fast liebevoll den Arm und wünschte ihm Glück für den Marsch.

Sebastian winkte zum Abschied und ging dann festen Schrittes hinaus ins Land.

So kam es, daß der Töpfer Sebastian Gòmez aus Chenelho als Stellvertreter des San Pedro Apoxtal, als Prophet der neuen Kirche von Cancuc durch die Berge zog. Wo er auch erschien, fand er offene Ohren. Er verkündete überall mit heller, klarer Stimme die Prophezeiung.

Viele machten sich daraufhin hoffnungsvoll nach Cancuc auf, um das Wunder zu schauen und zu beten. Doch es kamen auch viele zu Pedro Canek, bestellten ihm Grüße von

Sebastian, blieben eine Weile und verließen das Dorf wieder auf geheimen Wegen, in verschwiegener Mission.

Hoffnung flackerte in den Herzen der Menschen auf. Sie spürten, gleich dem ersten Schimmer des neuen Tages, das Ende des Mitnal. Spannung lag über dem Land, vom Hochgebirge bis in die heißen Wälder, vom Pazifik bis zu den Stränden des östlichen Meeres.

Unermüdlich wanderte Sebastian durch die Dörfer, verschwand im Waldland, in Guatemala, und kam von dort zurück, geheimnisvolle Schriften im Gepäck.

Wer schreiben konnte und auch lesen, den wählte er zum Priester. Er weihte Kirchen im Namen Maychels und der Jungfrau vom Rosenkranz und sprach vom Neubeginn der Zeit, von einem Mayab, das die Völker einte, den Menschen und Göttern zum Wohlgefallen.

Lange blieb dies aber nicht verborgen, denn die Kunde des Propheten eilte nicht nur durch die Dörfer, sondern hielt auch Einzug in Ciudad Real, der Stadt der Spanier. Und dort kam es natürlich Alvarez de Toledo zu Ohren.

Ergrimmt ließ der Bischof sich von seinen Spitzeln Bericht erstatten, hörte von der Jungfrau vom Rosenkranz zu Cancuc und vom Propheten Sebastian Gòmez, der sich Stellvertreter Petri nannte. Und er raste.

Da hatte er vier harte Jahre lang Ordnung geschaffen, hatte keine Mühe gescheut, die Lehre Gottes in die Dörfer zu bringen, hatte dem »indianischen Vieh« seine Götzen ausgetrieben und dabei sein Amt gegenüber braven Christen vernachlässigt und hatte geglaubt, daß jetzt Ruhe eingekehrt sei. Ruhe, die man bitter brauchte. Und nun begann der Tanz von vorn! Statt endlich dieses Land für Kirche und Krone urbar zu machen, mußte man sich erneut mit der Renitenz der »Wilden« abgeben. Wenn er den Berichten glauben durfte, dann war es diesmal ernster als je zuvor. Bei allen Heiligen! Das ganze Land sprach schon von dieser vermaledeiten Jungfrau und ihrem Propheten. Aus allen Ecken und Enden liefen die »Wilden« nach Cancuc und kehrten verbockt und widerspenstig zurück.

Haß stieg in ihm auf, wenn er daran dachte. All sein Streben, all sein Mühen hatten nicht gefruchtet. Nur weniges hätte noch gefehlt, um dieses Land endgültig zu befrieden und einen Hort der Gläubigkeit daraus zu machen. Doch dieses Wenige war ihm nicht vergönnt.

Er rief nach Antonio Mendez. »Weißt du, was sich im Lande zuträgt?« fragte er den eilig Eingetretenen.

»Ja, Euer Exzellenz. Die Spatzen pfeifen es schon von den Dächern. In jedem Dorf feiern die Wilden ausgelassen dieses neue Wunder. Die spanischen Siedler in den Bergen sind verstört und haben Angst. Sie wollen wissen, was der Gouverneur zu tun gedenkt«, erwiderte Antonio Mendez.

»Der Gouverneur!« höhnte de Toledo. »Dies ist nicht Sache des Gouverneurs! Das ist eine Angelegenheit der Kirche!«

»Ergebenst, Euer Exzellenz, aber viele unserer Landsleute sehen das nicht so. Sie glauben vielmehr, daß Euer Exzellenz durch das harte Durchgreifen in Glaubensfragen die Wilden rebellisch gemacht hat«, entgegnete der Padre.

»Das ist doch lächerlich!« brauste de Toledo auf. »Ich habe als Stellvertreter Gottes darüber zu wachen, ob und wie seine Gebote befolgt werden. Wo kämen wir denn hin, wenn jeder Zuckerrohrbauer oder Kaffeepflanzer über Glaubensfragen zu befinden hätte?«

Antonio Mendez nickte zustimmend. »Ich denke, die Gemüter werden sich sehr schnell beruhigen, wenn wir den Götzenzauber in Cancuc beenden.«

»Cancuc ist jetzt nicht so wichtig«, widersprach der Bischof. »Wir müssen zuerst diesen Propheten, diesen Gòmez, finden, ehe er das ganze Land rebellisch gemacht hat. Wer weiß denn, wie lange dieser Sud bereits gärt.«

»Ergebenst, Euer Exzellenz, wenn Ihr es wünscht, bin ich schon morgen unterwegs, um ihn zu suchen«, sagte der Padre beflissen.

»So geh schon!« knurrte de Toledo unwirsch. »Aber nicht erst morgen, sondern heute!«

Doch Antonio Mendez entfernte sich nicht sofort. Unschlüssig und devot verharrte er an der Tür.

»Was willst du noch?« fragte der Bischof barsch.

»Nun ... wie soll ich sagen ... Euer Exzellenz ...«, stotterte der Padre. »Ich erhielt Nachricht aus Guatemala über das Wirken von Franxo Ximenez. Ich weiß nicht, wo er steckt. Er lebt bei Wilden, wie man mir berichtet, und hat offenbar eines ihrer Bücher übersetzt. Der Inhalt dieser Übersetzung weist gewisse Parallelen zu jener Kunde auf, mit der zur Zeit Sebastian Gòmez das Land rebellisch macht.«

Umständlich nestelte er an seinem Umhang und zog ein vielfach gefaltetes Schriftstück heraus. »Dies kam aus Guatemala in unsere Hände«, erklärte er und reichte es dem Bischof. Ergeben und mit niedergeschlagenen Augen wartete er.

»Das ist ja unerhört!« entfuhr es de Toledo, während er las.

Das Schriftstück enthielt Fragmente einer spanischen Übersetzung vom *Buch der Überlieferungen*, jener letzten heiligen Schrift der alten Maya. Sie war, als überall in Neuspanien die Bücher brannten, den Actos de fè des Heiligen Offiziums entkommen. Man wußte um die Schrift, doch konnte sie trotz der fieberhaften Suche durch die Kirche nicht gefunden werden. Sie blieb fast zweihundert Jahre lang verschwunden. Jetzt aber war sie in der Übersetzung von Franxo Ximenez wieder aufgetaucht.

Alvarez de Toledo verschlug es den Atem. Gewalttätig, sehr saftig begrüßte dieser Text des Mitnals Ende und verkündete den Anfang einer neuen Götterzeit. Da stand es, im Kauderwelsch des »Viehs« und auch in spanisch, zweispaltig und in grober Schrift geschrieben, von einem Christen, einem Padre obendrein.

»Das ist doch sicher nicht die Urschrift!« tobte Alvarez de Toledo. »Wie viele Exemplare des Geschreibes gibt es?«

»Wer weiß«, gestand Antonio Mendez. »Gut möglich, daß es viele sind.«

Mit schwerem Schritt durchmaß der Bischof, bleich vor Wut, das Zimmer. Er kochte innerlich. Da hatte man versucht, den Götzenunsinn auszulöschen, und nun goß dieser Narr absichtlich Wasser auf die Mühlen der »Wilden«. Diese konnten nicht einmal mehr ihren eigenen Kodex lesen, und da half Franxo Ximenez, der Auswurf Satans, das Pantheon des Bösen auferstehen zu lassen. Anstatt das Teufelswerk durch reinigende Flammen aus der Welt zu schaffen, übersetzte der Wahnsinnige den ganzen Zauber in einfaches Spanisch und lieferte den Urtext noch dazu; riß absichtlich die Dämme ein, die Gottes brave Äcker vor den Sturzseen der Hexerei schützen sollten. Es war reinste Blasphemie.

Nur langsam beruhigte sich der Bischof. »Nun gut!« wandte er sich endlich an Antonio Mendez. »Um den Fray Ximenez kümmern wir uns noch, aber später«, beschloß er eisig. »Vorerst muß wieder Ruhe ins Land einkehren. Du suchst diesen Sebastian Gòmez, und ich selbst werde in Cancuc nach dem Rechten sehen.«

Am nächsten Morgen ritt Antonio Mendez mit kleiner Bewaffnung im Gefolge nach Chenelho, obgleich er nicht glaubte, daß er den Propheten dort antreffen würde. Da er aber keine Ahnung hatte, wo sonst Sebastian Gòmez sich aufhalten könnte, schien ihm dessen Heimatdorf der rechte Anfang für die Suche.

Nach scharfem Ritt kamen sie schon bald hinauf ins langgezogene Tal von Chenelho. Das Dorf lag ruhig und friedlich da. In einer Senke am Fluß suhlten sich einige Schweine, die beim Erscheinen der Reiter davonstoben. Sonst schien das Dorf verlassen. Keine Menschenseele war zu sehen, kein menschlicher Laut zu hören, nur das Gackern der Hühner und das Grunzen der Schweine. Die Spanier führten ihre Tiere zur Tränke und wuschen sich den Staub aus Gesicht und Haaren. Erfrischt stiegen sie zum Dorfplatz hinauf, hockten sich in den Schatten der Platanen und warteten. Bald aber wurde ihnen diese Stille und Ruhe unbehaglich. Sie hatten das Gefühl, beobachtet zu werden. Doch niemand zeigte sich.

Schließlich hielt es Antonio Mendez nicht mehr aus. Er brüllte hilflos auf spanisch: »Ist jemand da?« Dann schrie er es noch einmal in schlechtem Dzotzil. Aber nichts rührte sich.

»Durchsucht die Hütten!« herrschte er die Männer an. Diese schwärmten aus, kamen aber bald wieder ohne Ergebnis zurück. »Das Dorf ist leer. Die Brut ist ausgeflogen!« riefen sie.

Nachdenklich nickte Mendez. »Ich hätte es wissen müssen. Hier finden wir ihn nicht.« Er gab den Befehl zum Aufbruch. Sie holten ihre Pferde und das Maultier und ritten auf dem engen Pfad zum Dorf hinaus, stumm und enttäuscht.

Ratlos durchkämmte die kleine Schar des Mendez' das Gebirge, zog durch Täler und über Höhen - Sebastian blieb unauffindbar. Und es gab keinen, der ihnen über des Propheten Verbleib Auskunft geben wollte. Sie verfolgten Spuren, die sich bald im Nichts verloren. Sie jagten durchs Land, ruhelos und besessen. Manchmal hörten sie, daß Gòmez irgendwo aufgetaucht sei, trafen auf Menschen, die ihn gesehen hatten, ihn selbst aber holten sie nicht ein. Dem Padre schien es, als ob er ein Phantom verfolgte. Mehr und mehr beschlich ihn das Gefühl, durch einen Irrgarten zu stolpern und Fährten nachzuspüren, die absichtlich falsch gelegt waren. Es erfaßte ihn ein Unbehagen, wenn er durch die weite Stille dieser Berge ritt und Augen auf sich ruhen fühlte, die sich seinem Blick jedoch entzogen. Schließlich wurde aus diesem Unbehagen Angst.

Entmutigt brach er eines Abends nach bald vierzehn Tagen die Suche ab. Die Männer atmeten erleichtert auf, und auch ihm selbst wurde wohler ums Herz. Wie von schwerer Last befreit, ritten sie die Nacht hindurch den alten Salzweg hinauf ins Hochtal von Jovel.

Müde, abgerissen, aber guter Stimmung erreichten sie am Morgen die Paßhöhe am Tzontehuitz und sahen unter sich die schöne Stadt Ciudad Real. Ihre gute Laune währte jedoch nicht lange - sie wurde jäh gedämpft.

Gewöhnlich sah man von hier oben lebhaftes Treiben im Tal. Fernhändler dirigierten unter lautem Fluchen ihre Kolonnen den Paß hinauf. Eingeborene trippelten in buntem Gewirr eilig zum Markt, das Geschrei der Holzfäller erfüllte die Luft, und Jäger schleppten singend und lachend ihre Beute in die Stadt. Auf den Weizenfeldern arbeiteten die Sklaven, und das Geächz der Getreidemühle knarrte durch das Tal. Jetzt lag die Straße öd und leer da, verlassen waren die Felder. Eine unheimlich Stille erfüllte die Luft.

Die Männer ritten eng beieinander vorsichtig hinunter zur Stadt. Sie fanden das südliche Tor fest verschlossen. Lauthals begehrten sie deshalb Einlaß, doch niemand öffnete. Erst nach einer Weile erschienen zwei bewaffnete Soldaten an der Brüstung. Als sie den Padre mit seinem Trupp erkannten, schrien sie erleichtert auf: »Der Fray Antonio Mendez ist's! Gelobt sei Jesus Christus! Öffnet das Tor!«

Der Padre sprang vom Pferd, ließ es in der Obhut der Wächter und eilte, Schlimmes ahnend, in den Konvent. Dort empfing ihn der Cellerar Fray Balthasar. In schlichten Worten erstattete er dem ungestüm fragenden Mendez Bericht. Gar vieles sei ungewiß. Es stehe jedoch fest, daß der Bischof zusammen mit seinen fünfzig bewaffneten Begleitern und zwei Akoluthen noch nicht aus Cancuc zurück sei. Obwohl Alvarez de Toledo fast schon vierzehn Tage fort sei, wäre das allein noch kein Grund zur Sorge. Wie er wohl wisse, hatten des Bischofs frühere Expeditionen oftmals länger gedauert. Bedenklich sei aber, daß seit etwa einer Woche die Eingeborenen die Stadt mieden. Im ganzen Tal von Jovel gebe es keinen mehr von ihnen. Sie seien verschwunden und unauffindbar. Man habe Männer ausgeschickt, um die Gegend zu erkunden, doch diese seien nicht zurückgekehrt. Darum sei von Rat und Klerus jetzt beschlossen worden, die Stadt soweit wie möglich zu bewehren - für alle Fälle. Und er betonte leicht das Wort »alle«.

Dies hörend, sank Antonio Mendez auf seinem Stuhl zusammen. Ihn schwindelte. Er hatte es gleich am ersten Tag der Suche geahnt, im Heimatdorf des Propheten. Die Stille dort und später dann im ganzen Land kündete Unheil. Es wäre seine Pflicht gewesen, sofort am selben Tage umzukehren und den Bischof zu warnen. Jetzt war es zu spät. Er fühlte es. Zerfahren erhob er sich, bedankte sich matt bei Fray Balthasar und ging hinüber in die Priesterunterkünfte. Dort schloß er sich ein und betete.

Cancuc glich einem Heerlager. Chamulen aus der Provinz Las Coronas, Zoques aus Tecpatan, Zendalen aus Ocosingo, Lacandonen vom Rio Usumacinto, ja selbst Itzás aus dem Petén und den Lagunen von Bacalar waren dem Ruf Pedro Caneks gefolgt und hatten sich zur großen Versammlung der Völker in Cancuc eingefunden. Von der Pazifikküste im Westen kamen die Mames und aus den heißen Wäldern von Palenque die stolzen Choles. Selbst die Chontalen sandten eine Abordnung aus dem schwülen, sumpfigen Tabasco. Sie alle waren Wochen unterwegs gewesen. Heimlich und unauffällig mußten sie ins kalte Hochland der Tierra fría hinaufwandern, vorbei an den Siedlungen der Spanier, die großen Straßen und das bebaute Land meidend. Jetzt, zum vereinbarten Zeitpunkt am Anfang des Monats Xul, dem Mond der Götteranbetung, waren alle da. Nur die Zinacanteca fehlten.

Man saß an großen Feuern, erzählte und diskutierte - vielsprachig, sich kaum verstehend, lachend, durcheinanderschreiend. Belustigt stellte man fest, wie ähnlich man sich war, und doch so fremd. Aio, es war schon merkwürdig, daß man sich der Sprache der Kastilier bedienen mußte, um sich gegenseitig zu verstehen. Aber, den Göttern sei Dank, es gab in jeder Abordnung einige, die des Spanischen mächtig waren, und sie übersetzten das in vielen Sprachen Gesagte in die Sprache der Eroberer, damit ein jedes Volk mitbekam, was die anderen erzählten. So machten Rede und Gegenrede, Vorschläge und Einwände die Runde.

Die Itzás von Tayasal erzählten in breitem Dialekt die Geschichte ihres Krieges gegen die Kastilier, eines langen, fürchterlichen Krieges, der erst vor kurzem mit der Niederlage ihres Volkes und der Zerstörung ihrer schönen Stadt Tayasal ein grausames Ende gefunden hatte.

Die Lacandonen berichteten in ihrer kehlig rauhen Sprache vom Kampf ihres Volkes, das die Kastilier nur besiegen konnten, indem sie Tod und Krankheit einschleppten. Eine jede Abordnung wußte eigenes von den Greueln der Spanier, von Not und Tod, von Unterdrückung und Landraub vorzutragen. Man erging sich in Diskussionen über Maßnahmen, die man nun ergreifen müsse, um der Tortur und dem Elend endlich Einhalt zu gebieten. Langsam und beharrlich wog man Argumente, bildete sich eine eigene Meinung, schuf aus vielen kleinen, sehr verschiedenen Steinchen etwas Großes, unfaßbar Neues, etwas vorher nie Gewesenes.

Denn die Ursache des großen Treffens war die Gründung eines Heeres aller Völker zum Schutz der Jungfrau, zur Verteidigung der Dörfer, zur Befreiung des gesamten Landes. Die vielen, sehr verschiedenen Menschen saßen einmütig zusammen, alte Händel vergessend angesichts des großen Wunders von der Wiederkehr der Jungfrau. Schon die Eintracht, die sie heute spürten, mutete sie an wie der Hauch der Götter, wie der Duft der neuen Zeit.

Bewegt lauschten jetzt alle dem Vortrag Sebastians. Es war still an den Feuern, als dieser mit klarer Stimme noch einmal die alte Prophezeiung verlas. Er trug sie in jenem leicht verständlichen Spanisch vor, das Franxo Ximenez für seine Niederschrift gewählt hatte. Die Dolmetsche übersetzten den Menschen die heiligen Worte flüsternd in die eigene Sprache, und ein jeder freute sich daran.

Nach Sebastian Gòmez ergriff Pedro Canek das Wort. Messerscharf schnitten seine Argumente in die Köpfe der Versammelten, rüttelten an den Ängsten der Zögernden, erhitzten die Sinne der Erbitterten. Eindringlich warb er um die Aufstellung eines Heeres, zählte Gründe über Gründe für dessen Notwendigkeit und Zweck auf. Und noch heftiger wurde sein Vortrag, als er die Schwächlichen geißelte, die durch Kleinmut und Verzagtheit nicht nur die Rückkehr der Götter, sondern auch ein neues Mayab und den Neubeginn der Zeit leugneten. Bis zur Erschöpfung beschwor er die Versammelten, doch endlich dem Willen der Götter zu gehorchen und die Gunst der Stunde zu nutzen. Mehr und mehr erhellten sich die Mienen der Menschen. Jetzt hingen sie an Pedros Lippen, und wenn der Sinn der Worte ihnen Mut machte, pfiffen sie laut Beifall. Als Pedro Canek seine Rede schließlich mit dem Kriegsschrei der Dzotzil beschloß, stimmte die Menge begeistert lauthals in die Schlachtgesänge ein, jedes Volk in seiner eigenen Sprache.

Spät in der Nacht dann war man einig und beschloß die Aufstellung einer gewaltigen Kriegsmacht über die Grenzen der Völker hinaus. Man nannte diese Streitmacht im Geiste des Wunders von Cancuc »Soldaten der Jungfrau« und verfügte, daß alle Völker unter diesem Namen Kampfverbände gründen sollten, damit ein geschlossenes Heer vielerorts gegen die Kastilier zöge.

Am Morgen nach der langen Nacht der Versammlung gingen die Menschen zur Kirche hinauf, traten vor das Bildnis Maychels hin und erbaten sich Segen und Weihe für die Federn und Daunen, für die Schuppen und Zähne, für die Krallen und Haare ihrer Schutzgeister, der Náguals. Die Göttin leuchtete in den Farben des feurigen Regenbogens, und gar manchen schien es, als durchströme eine wilde, freudige Erregung Maychels Gestalt.

Voller Mut und Zuversicht verließen die Abordnungen der Völker das Tal von Cancuc und eilten nach Hause, unsichtbar und heimlich, wie sie gekommen waren. Und sie trugen mit sich im Geiste den Beschluß der Versammlung und im Herzen die wilde Freude der Jungfrau.

Dies geschah zu der Zeit, als Antonio Mendez seine erfolglose Suche nach Sebastian Gòmez begann und Alvarez de Toledo erprobte spanische Soldaten aushob, um mit ihrer Hilfe in Cancuc die Götzenanbeter zu bestrafen.

Sieben Tage, nachdem Antonio Mendez Ciudad Real verlassen hatte, saß auch der Bischof wieder im Sattel. An der Spitze einer wohlerprobten Mannschaft ritt er auf der alten Handelsstraße, auf der einst die Zinacanteca ihr Salz transportiert hatten und auf der die ersten Spanier ins Hochland eingefallen waren, durch die Berge nach Cancuc. Einer der beiden Akoluthen, die ihn zum erstenmal begleiteten, trug sehr stolz und keck das Banner mit dem Bildnis der barmherzigen Jungfrau. Schimmernd wehte hoch im Wind die Fahne und erhellte auch die Miene des Bischofs.

Bald hatten sie das Hochtal von Jovel hinter sich und erreichten die Höhen am Rio Fogotico. Juan Pereira, der Kommandant der Soldaten, zügelte sein Reittier. Von hier sah man weit ins flache Land hinaus. Prüfend überblickte der alte Soldat das Gelände. »Diese Stille gefällt mir nicht«, wandte er sich an den Bischof. »Alles ist wie ausgestorben.«

»Was kümmert's uns?« erwiderte Alvarez de Toledo ungeduldig. »Laß uns weiterziehen!«

Sie bogen von der alten Handelsstraße ab, ritten zuerst querfeldein durchs hügelige Land und folgten dann einem kleinen Pfad abwärts durch den Wald. Die hohen Pinien und Kiefern des Hochlands wurden spärlicher, Rhododendren begannen zu wuchern, wärmer und stickiger wurde die Luft. Die Männer mühten sich durchs Dickicht, führten ihre Tiere an den Zügeln und schwitzten. Sie kamen nur noch langsam voran.

Verbissen schleppte sich auch Alvarez de Toledo durch den Wald. Verflogen war seine gute Laune. Er haderte mit sich und seinem Schicksal, das ihn immer wieder in die Wildnis trieb. Was mußte er auch in den Sattel steigen, anstatt von seinen Schergen besorgen zu lassen, was deren ureigenes Handwerk war? Natürlich wußte er's. Nichts war ihm mehr verhaßt als der Müßiggang. Ein Greuel war ihm die Ergebenheit, mit der die meisten Menschen durch das Leben gingen. Er dagegen wollte vor den ewigen Richter mit klarem Blick hintreten, wollte am Ende seines Lebens sagen können: »Es ist gar wohl getan, und es ist gottgefällig. Ich habe nichts gescheut.«

Ihn schauderte, wenn er an die neuesten Nachrichten aus der Heimat dachte. Da lag der letzte Habsburger in seinem Bett, zuckend in unbekannten Krämpfen, während das Reich zerfiel. Und ganz Europa lachte über den Verhexten, dem man, schon auf dem Sterbelager, die Teufel exorzierte. Jetzt war er hin und Spanien zerrissen. Ein kurzes Leben, unnütz begonnen und sinnlos vertan.

Alvarez de Toledo wischte sich den Schweiß aus den Augen. Seltsam, daß ihm gerade jetzt Europa, der sterbende König und das zerfallene Land in den Sinn kam. Er öffnete sein Wams, packte die Zügel fester und stolperte weiter auf dem verwucherten Pfad. Er sah Juan Pereira behende vorwärtsgehen, hörte hinter sich das Schnauben der Rösser und das Keuchen der Männer. Sonst war es still.

Totenstill, dachte Alvarez de Toledo.

Da zischten, hinein in die Gedanken des Bischofs, flirrende Pfeile aus dem Hinterhalt und bohrten sich tief in die Körper der Soldaten. Die Getroffenen schrien grauenhaft auf, die Pferde scheuten und brachen fliehend durchs Gebüsch. Der Bischof warf sich hinter einen umgefallenen Baumstamm und brachte seine Pistole in Anschlag. Aber er sah nichts, worauf er hätte zielen können. Auf dem Weg lagen zuckend und wimmernd die Soldaten, grotesk gespickt mit Pfeilen, durchbohrt von kurzen Wurfspeeren, verblutend. Atemlos lauschte de Toledo. Er hörte, wie qualvoll, immer leiser, die Sterbenden röchelten. Angestrengt spähte er in das Dämmerlicht auf der anderen Seite des Weges. Dort aber rührte sich nichts.

Ich bin der einzige, der überlebt hat! fuhr es ihm durch den Kopf. Ihm wurde ganz kalt ums Herz, und in die Glieder kroch ihm etwas Unbekanntes, Scheußliches, etwas vorher nie Erlebtes. Es war die Angst. Und vor sein inneres Auge trat zum zweitenmal an diesem Tag der Sterbende im fernen Spanien, gekrümmt und zuckend im zerwühlten Laken, in seinen letzten Lebensstunden umringt von gnadenlosen Feinden, hilflos und ausgeliefert, auf sein Ende wartend. Ein würdeloses Ende, dachte der Bischof schaudernd. Stumm fing er an zu beten, flehte zu Gott, der barmherzigen Jungfrau und zu allen Heiligen. So lag er zitternd eine ganze Weile da. Plötzlich gewahrte er eine Bewegung in seinem Rücken. Er warf sich herum und sah sich von einer Schar bewaffneter, wild bemalter Indios umringt. Hastig schoß er seine Pistole ab, doch der Schuß verhallte folgenlos.

Man riß ihn hoch, legte ihm eine Schlinge um den Hals und zerrte ihn schweigend durch den Wald. Schnell und gewandt schritten seine Bewacher voran. Mit Mühe hielt sich de Toledo auf den Beinen, blickte, wenn er stolperte, in undurchdringliche Gesichter, raffte sich wieder auf, verzweifelt keuchend. Panik ergriff ihn, und ein ums andere Mal stieß er atemlos aus: »Was habt ihr mit mir vor? Wohin bringt ihr mich?« Man trieb ihn weiter. Wortlos. Unerbittlich.

Es dunkelte schon, als der Trupp den verborgenen Tempel von Moxviquil erreichte. Hastig erklomm man die alten, verwachsenen Stufen, die zur Pyramide führten. Oben angekommen, versagten dem Bischof die Beine, und er brach erschöpft zusammen. Gekrümmt lag er da, sein Herz raste, und er rang nach Atem.

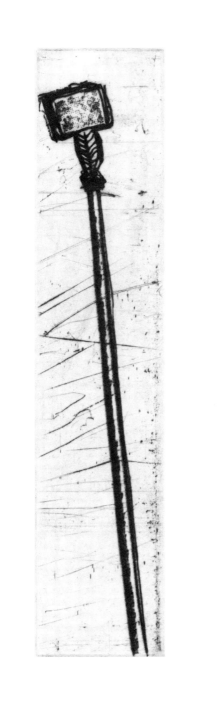

Aber man gönnte ihm keine Pause, sondern zerrte ihn wieder hoch und stieß ihn an den Rand der Plattform.

Dort stand Pedro Canek in der Dunkelheit, schattenhaft, wartend, mit glänzenden Augen.

Der Bischof brach erneut zusammen. Nur langsam erholte er sich von dem harten Marsch. Er hatte keine Ahnung, wo er sich befand. Pedro Canek verharrte neben ihm stumm und reglos.

»Wo bin ich?« fragte schließlich de Toledo keuchend.

»In Moxviquil, dem alten Tempel unserer Götter«, antwortete Pedro Canek. »Dort unten im Tal ist deine Stadt, Bischof«, fügte er leise hinzu, »deine Stadt, die wir mit unserem Blut bezahlen mußten. Doch das gefiel den Göttern nicht, und sie verlangen, daß du ihnen unser Blut zurückzahlst.«

»Und wer bist du?« verlangte de Toledo zu wissen.

»Ein Werkzeug der Götter und dein Tod«, sagte Pedro Canek lakonisch.

Da lachte der Bischof auf. »Deine Antworten sind wirr, Peòn. Von welchen Göttern erlaubst du dir in meiner Gegenwart zu sprechen? Ich bin der Stellvertreter Gottes hier in diesen Landen. Des einzigen Gottes im Himmel und auf Erden. Wie könntest du ein Werkzeug dieses Gottes sein?«

»Du bist blind für die Zeichen der neuen Zeit, Bischof der Kastilier, und taub für die Gebote der Götter. Deshalb wirst du sterben«, erwiderte der junge Dzotzil scharf.

»Glaubst du im Ernst, du kannst den Lauf der Welt durch meinen Tod aufhalten? Du täuschst dich, Peón, denn Gottes Wille geschieht, ob du mich umbringst oder nicht!« höhnte Alvarez de Toledo.

Pedro Canek aber entgegnete ruhig und gelassen: »Du bist der mörderische Diener eines Gottes, den du selbst nicht begreifst. Du bist die Pein und das Leid der Völker in den Bergen. Allein das wäre Grund genug für mich, dir aus Rache das Leben zu nehmen. Aber viel schwerer wiegt, daß du durch dein Tun die Götter versucht hast. Du stirbst nicht als mein Opfer. Du stirbst als Opfer meiner Götter.«

»Du bist wahnsinnig!« schrie jetzt Alvarez de Toledo. »Verhext bist du! Von Teufeln besessen!«

Immer lauter brüllte er mit sich überschlagender Stimme. Seine Bewacher sprangen hinzu, packten den Tobenden und drückten ihn zu Boden. Sie schleiften ihn zwischen die Steinhaufen der eingestürzten Tempelbauten und banden ihm Hände und Füße zusammen.

Gefesselt und zum Tode verurteilt, lag Alvarez de Toledo, Sachwalter der spanischen Krone in den Westindischen Ländern, Mitglied des Heiligen Offiziums zu Zaragossa und Oberster Hirte des Bistums Chiapas, versteckt im Tempel fremder Götter hoch in den Bergen der Sierra Madre del Sur - sehr fern seiner spanischen Heimat, sehr allein.

Und während ihm die Fesseln in die Glieder schnitten, flogen seine Gedanken wehmütig hinüber in die Heimat. Er sah im Geiste seine Vaterstadt, stolz erbaut, hoch über dem Tajofluß, das Rom der Iberischen Halbinsel. In festlichem Gewand prunkte die Stadt. Geschmückt waren die Gassen mit Lorbeer und Ginster, die Häuser mit Wandbehängen aus schweren, farbenprächtigen Stoffen verziert. Über den Dächern wehten prunkvolle Fahnen im böigen Wind der kastilischen Hochebene. Die Stadt fieberte im Rausch der Fronleichnamsprozession, der Fiesta del Corpus. Metallisch schmetterten vom Alcázar herab die Fanfaren, krachten die Böller mit ohrenbetäubendem Knall. Lärmend dröhnten die Gaitas, und der Villancico, der freche religiöse Tanz des Volkes, wechselte mit den ernsten liturgischen Gesängen der Ordensmänner ab. Über allem aber klangen weit schallend die dunklen Glocken der Kathedrale, mischten sich mit den hellen von Santa Maria la Blanca, und dann wand sich vom Palast des Erzbischofs herab der feierliche Zug der Prozession. Da schritten sie, schwer und andächtig, die Handwerkergilden, die Alkalden, die Bruderschaften und Gugelmänner, zogen langsam durch die engen, steilen, von Schaulustigen gesäumten Gassen der uralten, stolzen Stadt. Inmitten des Zuges gingen der Erzbischof und die Bischöfe des Landes. Dahinter schritt der König und respektvoll hinter ihm, wie es das Zeremoniell vorschrieb, folgten die Granden von Kastilien. Und wiederum in deren Mitte tappte, blaß und schmächtig, auf sehr dünnen, schwachen Beinchen, der königliche Infant. Ja, damals sah er, Alvarez de Toledo, zum erstenmal den Thronfolger. Mitleidlos hatte er auf dieses Kind geblickt und gleich gewußt, daß dieser Schwächling, der da mit hohlen Augen vorwärts stolperte, nicht fähig sein wird, das stolze Spanien zu regieren. Ein Spielball fremder Mächte wird das Land, wenn dieses Kind einst König ist. Dann wird es notwendig sein, daß Kirche und Klerus stärker und kräftiger für Spaniens Interessen eintreten, daß sie es vor geistigem Verfall und Niedergang schützen.

Das waren seine Gedanken gewesen, damals bei der Fiesta del Corpus. Und so, tatkräftig Gott und Spanien dienend, hatte er es sein Leben lang gehalten. Nun war der königliche Schwächling wohl schon tot, und auch er selbst, Alvarez de Toledo, würde seinem Land und seinem Gott nie mehr von Nutzen sein.

»Ein jämmerlicher Tod für einen König«, hatte er immer gesagt, doch jetzt fügte er in Gedanken hinzu: Aber der meine nicht minder.

Unbequem, taub in Armen und Beinen, lag der Bischof da. Er fühlte keinen Schmerz. Entrückt in Erinnerungen, nahm er Abschied.

Am Himmel seiner letzten Nacht leuchteten zahllose Sterne, und am westlichen Horizont blitzten schimmernd blaue, rote und gelbe Lichter. Ehrfürchtig beobachteten seine Bewacher das nächtliche Farbenspiel. Alvarez de Toledo aber sah dies alles nicht mehr. Still lag er da, versunken in innerer Schau, betend.

Als am nächsten Morgen die ersten Sonnenstrahlen ihr goldenes Licht auf die Plattform der Tempelstätte warfen, befreiten seine Richter den in sich Gekehrten von seinen Fesseln und führten ihn vor den uralten Opferaltar. Stumm blinzelte Alvarez de Toledo in die aufgehende Sonne. Nebelschwaden hingen tief über dem Tal von Jovel und verwehrten die Sicht auf Ciudad Real. Doch Alvarez de Toledo hatte schon keinen Blick mehr für die Welt. Dieser harte Mann - jetzt weinte er stumme Tränen im Angesicht des Todes.

Wie es sich nach der Sitte ihrer Vorväter ziemte, zogen die Indios auch dem Spanier sacht und ohne Haß das Wams und das Hemd aus. Dann drückte man ihn sanft auf den glatten Fels und brach ihm schnell und sehr geschickt die Brust auf. Der Bischof stieß im Todesschmerz einen Schrei aus, doch schon ergoß sein Blut sich warm aus seinem Körper und tränkte leuchtend rot den Opferstein. Es gab den Göttern Kraft und Nahrung, den Menschen aber Mut und Zuversicht.

Auf diese Weise sühnte Alvarez de Toledo seine Greuel zum Wohle und zum Segen fremder Götter.

Noch am selben Tag brachen von Moxviquil Boten auf und trugen die Kunde vom Opfertod des Bischofs hinaus in die indianischen Dörfer und Städte. Da erhoben sich überall im Bergland die Menschen. Begeistert zogen die Kampfverbände der »Soldaten der Jungfrau« hinaus ins Land und fielen über die verhaßten Kastilier her. Es begann ein Morden und Brennen, wie es die Spanier seit ihrer Ankunft auf diesem Erdteil noch nie erlebt hatten. Die Ranchos, die Fincas, die kleinen und großen Gehöfte der Pflanzer, standen in Flammen, das Land der Plantagen lag verwüstet darnieder, die Holzfällerlager am Rio Usumacinto waren verlassen. Durch die Berge brannte sich die Rache der Unterdrückten. In der Asche ihrer Häuser lagen erschlagen die Spanier. Ihre Frauen und Kinder aber ließ man am Leben. Man trieb sie wie Vieh hinaus aus den Siedlungen und versteckte sie in den Dörfern und Weilern tief in den Wäldern der Tierra caliente. Dort riß man ihnen die europäische Kleidung vom Leib, bemalte ihre nackten Körper in den Farben der Völker und merzte an ihnen jedes fremde Gebaren aus.

Von Sieg zu Sieg eilte das Heer der »Soldaten der Jungfrau«. »Sieg!« kündeten tagtäglich die harten Klänge der Kriegstrommeln. Von überall her kam nach Cancuc die Botschaft vom glücklichen Ausgang der Offensive. Befreit war das Land von Tumbala im Osten bis Acala im Westen, von Chapultenango im Norden bis Soyatitan im Süden. Aus den Bergen kehrten die Menschen zurück, die von den Spaniern vertrieben worden waren. Schüchtern strichen sie durch die saftigen Ebenen, die jetzt brach vor ihnen lagen. Ja, das war ihr Land, noch immer fruchtbar und darauf wartend, daß die Menschen, denen es gehörte, wieder darauf lebten. Man brachte den Göttern Opfer, dankte ihnen für den Segen, und die Nächte hallten wider von den Freudengesängen der Siegreichen.

In Cancuc aber saß Pedro Canek, müde und zerschlagen von den harten Kämpfen, und hörte sich die Berichte seiner Boten an, die in höchsten Tönen schwärmten. Er jedoch dämpfte ihre Freude, denn etwas Wesentliches fehlte. Zwar waren die Spanier aus dem Bergland vertrieben, doch noch immer thronte ihre Stadt Ciudad Real fest und unumstößlich mitten im Tal von Jovel. Solange aber diese Stadt bestand, solange war das Land nicht frei. Darum schickte Pedro Canek erneut Boten durch das Land und lud die Führer der Kampfverbände zum großen Kriegsrat nach Cancuc.

Aus Las Coronas kam Beye Tza, der Chamula, aus Tecpatan Filipe Bayo, aus Acala am Rand der Sierra Madre del Sur traf der dunkle, schweigsame Juanito Molìn ein, und die Zendalen aus Ocosingo schickten Jesus Salva, ihren Kaziken. Nur die Zinacanteca blieben wieder der Versammlung fern.

Die Abgesandten der Völker saßen auf dem kleinen Platz vor der Kirche von Maychel. Wortreich berichteten sie einander von den Ereignissen in ihrer Heimat, von ihren Kämpfen und dem guten Gelingen des Aufstandes.

»Mayab hat begonnen. Die Saat der Götter ist aufgegangen!« sagten die Versammelten lachend.

Doch Pedro Canek teilte ihre Freude nicht. Zweifelnd schüttelte er den Kopf: »Die Kastilier sitzen noch immer im Tal von Jovel und in ihrer Stadt Ciudad Real. Wenn aber die Stadt nicht fällt, werden die Kastilier im Bergland bleiben. Und dann war unsere bisherige Mühe sinnlos.«

Die Versammelten wurden nachdenklich. Wahrscheinlich hatte Pedro Canek recht. Und so lauschten sie ernst seinem Bericht und erfuhren, daß seine Krieger seit Beginn

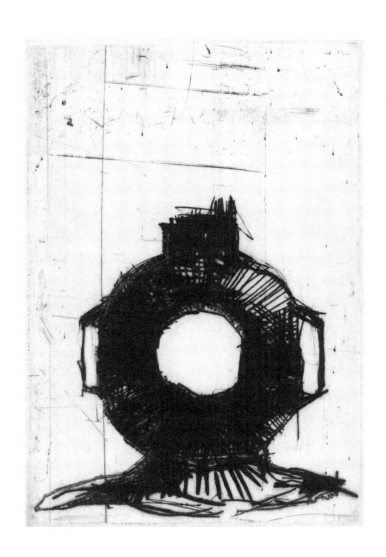

des Aufstandes die Spanier daran hinderten, die Stadt zu verlassen. Die Kastilier hatten mehrmals kleine Trupps Bewaffneter ausgeschickt, doch bis jetzt waren sie erfolgreich von den »Soldaten der Jungfrau« abgefangen worden. Für eine wirksame Blockade fehlten ihm, Pedro Canek, jedoch die Krieger. Es dürfe aber kein Kastilier lebend in die Stadt gelangen, noch aus ihr flüchten. Deswegen, so legte er eindringlich dar, sei es notwendig, die Stadt vollständig abzuschnüren. Man müsse darüber hinaus die alte Handelsstraße bewachen und jeden Spanier töten, der über die Pässe ins Hochtal von Jovel heraufkomme. Nur so, erklärte er, könne man Zeit gewinnen, um das Land gegen den neuerlichen Einmarsch der Kastilier zu sichern.

Es waren gute Argumente, die der junge Canek vorbrachte.

Die anderen hörten zu, hielten Kriegsrat, beratschlagten, wie man sich am besten gegen den übermächtigen Feind behaupten könne. Gewiß, es war der Wille der Götter, der sie diesen Kampf ausfechten ließ. Und gewiß war es auch die Macht der Götter, die ihnen bisher gegen die überlegenen Waffen der Kastilier geholfen hatte. Mit dem Wurfspeer und dem Pfeil des Jägers, dem Grabstock und dem Haumesser des Bauern allein hätten sie nichts gegen Pistole und Flinte, Säbel und Bajonett ausrichten können. Nur dem Schutz der Götter verdankten sie es, daß sie hier saßen und Kriegslisten ersannen - sie, die bis vor kurzem Sklaven gewesen waren und als Bauern und Arbeiter auf den Haciendas der Kastilier ihr Leben und ihre Ehre gelassen hatten. Aber wenn sie nun die Stadt der Spanier belagern würden, dann müßten sie nicht nur gegen kastilische Siedler kämpfen, sondern gegen spanische Soldaten, gegen gut ausgebildete und schwerbewaffnete Truppen, die sich bestimmt in Ciudad Real befanden.

Waren sie dazu in der Lage? War das der Wille der Götter? Unschlüssig sahen sie sich an.

Sie verlangten nach Sipit Muyal, dem Seher.

»Verehrter Seher!« begrüßten sie den Uralten. »Wir müssen schwierige Entscheidungen treffen und wissen nicht, welche. Zitiere uns doch das Orakel, denn vielleicht erkennt dein Geist den Wunsch der Götter.«

Sipit Muyal hörte schweigend die Bitte der Versammelten. Dann schloß er die Augen und überlegte. Nach einer Weile begann er zu sprechen, und schwer und geheimnisvoll kamen die Worte aus seinem Mund: »Mit dem dreieinigen Gott begann unser Elend. Es war der Beginn des Tributes, der Beginn der Abgaben an die Kirche, der Beginn gewalttätiger Raubüberfälle auf unsere Dörfer, der Beginn erzwungener Schulden, der Beginn von Gewalt und Folter. Und wer nicht flüchtete, wurde gequält, und wer sich widersetzte, getötet. Es sind die Priester, die Bischöfe, die Kutten der Kirche, sie sind das Gegenbild Hunab Kus und Hesoristos auf Erden. Sie segnen die Blutsauger, die das arbeitende Volk ausrauben. Doch es wird geschehen, daß Tränen in die Augen Gottes kommen. Die Tränen Gottes aber sind die leidenden Menschen. Und sie sammeln sich und werden zum See, und der See schwillt und tritt über die Ufer und verschlingt das Elend der Welt in seinen Fluten.«

Andächtig lauschten die Versammelten den geheimnisvollen Sätzen. Selbst als Sipit Muyal wieder schwieg, blieben sie still, ein jeder versunken in Gedanken.

Schließlich brach Pedro Canek das Schweigen. »Brüder, bisher haben wir nach dem Willen der Götter gehandelt! Warum sollten uns die Götter jetzt verlassen, wenn wir ins Tal von Jovel marschieren?«

»Weil wir zu wenige sind, um Ciudad Real zu belagern«, wandte Filipe Bayo aus Tecpatan ein.

Doch Beye Tza, der Chamula, entgegnete: »Aber es waren auch wenige, die den Bischof der Kastilier fingen, und es wurden daraus viele, die den Kampf im Bergland führten. Wir alle wissen, daß die letzte Schlacht noch nicht geschlagen ist.«

Jesus Salva nickte zustimmend. »Gestern waren wir noch Sklaven, leidende Kreaturen, heute sind wir Krieger. Und darum gibt es für uns kein Zurück. Wir müssen die Kastilier für immer aus diesem Land vertreiben. Denn Mayab kann nur sein, wenn diese nicht mehr sind! Was diesem Ziel dient, das sollten wir tun!«

Filipe Bayo aber schien nicht überzeugt. »Ich glaube nicht, daß es sinnvoll ist, jetzt unsere Kräfte bei der Belagerung von Ciudad Real zu vergeuden. Zuerst muß das Bergland frei sein, dann stirbt die Stadt von selbst.«

»Nein, denn solange die Stadt steht, werden die Spanier nicht von ihr lassen«, widersprach Pedro Canek. »Die Stadt muß sterben! Erst dann kann das Land frei sein.«

Man kam zu keinem Ergebnis. Hartnäckig verteidigte Filipe Bayo seine Einschätzung. Ärgerlich stritt man sich im Kreis der Versammelten.

Schließlich ergriff Sipit Muyal ungeduldig das Wort. »Filipe Bayo aus Tecpatan! In der Prophezeiung heißt es auch: ›Wenn die Völker sich verteilen, ein jedes unter seinen Bäumen und Büschen, und sich zerstreuen, ein jedes in seinen Bergen und Tälern, werden sie nicht mehr zueinander finden.‹ Wir dürfen uns nicht verzetteln. Jetzt müssen die Völker gemeinsam den Kampf gegen die Stadt führen, alles andere wäre falsch. Wenn die Stadt nicht fällt, wird es kein freies Mayab geben. Sie wird für Mayab sein wie ein schmerzhafter Stachel im Fleisch.«

Filipe Bayo wurde nachdenklich. »Gut«, räumte er ein, »ich habe zwar meine Zweifel, aber ich will nicht darauf bestehen, daß meine Meinung die richtige ist. Was richtig und was falsch ist, werden wohl die Götter entscheiden. Vielleicht versteht ihr die Götter auch besser als ich.«

So kam man überein, den Kreis um Ciudad Real, die Stadt der Spanier, zu schließen, wie es von Pedro Canek vorgeschlagen wurde. Ein enger Kreis sollte es werden, damit die Stadt erstickte. Eile tat not, denn viel zu wenige von Pedro Caneks Truppen belagerten Ciudad Real. Man mußte schnell Verstärkung schicken, aber lang waren die Wege von Cancuc in die Dörfer der Völker, beschwerlich der Marsch hinauf nach Jovel. Es würde mehr als eine Woche dauern, bis die Krieger vor Ciudad Real stünden. Man überlegte hin und her.

Da sagte der dunkle Juanito Molìn, der bisher geschwiegen hatte, mit triumphierender Stimme: »Ich hab gewußt, was heute hier beschlossen wird. Darum stehen jetzt schon dreihundert Krieger meines Volkes vor der Stadt. Sie tun längst das, wovon hier noch geredet wird.«

Überrascht blickten die Versammelten auf Juanito Molìn vom Volk der Mames, und Filipe Bayo lachte belustigt auf. »Mir scheint, du verstehst sehr gut, was die Götter wollen«, wandte er sich an den dunklen Mann.

Schmunzelnd entgegnete dieser: »Von den Göttern verstehe ich nicht mehr als du. Aber wenn es der Wille der Götter ist, die Spanier zu bestrafen, dann weiß ich, wie man das macht.«

»Durch deine Voraussicht haben wir Zeit gewonnen, lieber Juanito«, sagte Pedro Canek erfreut, »und ich hoffe, wir werden sie nützen.«

Erleichtert besprachen nun die Führer die letzten nötigen Maßnahmen für die Belagerung der kastilischen Stadt. Dann lösten sie die Versammlung auf und gingen gemeinsam hinab ins Dorf.

Dort herrschte große Heiterkeit. Neugierig mischten sich die Abgesandten unter die zusammengelaufenen Menschen und wollten die Ursache des Gelächters erfahren.

Vom Rio Usumacinto waren gerade die Lacandonen in Cancuc eingetroffen. Sie kamen aus gewichtigem Grunde verspätet, denn sie hatten in hartem Kampf ihre alte Stadt Kak Balam zurückerobert. Und dabei war ihnen Don Severo Medellin, der Capitán der Holzfällerlager am Oberlauf des Usumacintos, in die Hände gefallen.

Jener Don Severo Medellin aber war der Mann, der Kak Balam zerstört hatte. Ausgestattet mit direktem Befehl des spanischen Königs, war er vor fast fünfzehn Jahren an der Spitze eines stattlichen Heeres ins Land der Lacandonen eingedrungen, um den Bau einer großen Handelsstraße vorzubereiten. Diese Straße sollte die beiden neuspanischen Provinzen Mexiko und Guatemala verbinden. Der Plan war noch aus der Zeit Philips II., doch er war ein ums andere Mal am hartnäckigen Widerstand der Waldindianer gescheitert. Aber diese hatten bitter für ihren Kampf bezahlt. Verloren war ihre alte Stadt Lakam Tun, die Wasserfestung inmitten des schönen Sees Miramar; zerrissen war ihr Volk, immer wieder umgesiedelt und verschleppt von den Kastiliern. Trotzdem hatten sie den Kampf nie aufgegeben, sich stets erneut gefunden und tiefer in die Wälder zurückgezogen. In den unzugänglichen Dschungeln am Ufer des Rio Lacantùn gründeten sie schließlich heimlich die verschwiegene Stadt Kak Balam. Von dort griffen sie zwei Jahrhunderte lang unermüdlich die kastilischen Siedlungen an und ließen den Spaniern keine Ruhe.

Eines Tages aber kam Don Severo mit seinem Heer, in der Tasche das Edikt des Königlich Indischen Rates, und brach in die letzten Gebiete der Lacandonen am Quellgebiet des Rio Lacantùn ein.

Die Spanier erreichten Kak Balam am Tag der Kreuzigung Christi, an einem Karfreitag. Sie überraschten die Bewohner, die nicht damit gerechnet hatten, daß man ihnen in die heimliche Stadt folgen würde. Unvorbereitet, wie sie waren, ergaben sie sich diesmal kampflos. Dennoch wüteten die Spanier, schändeten Mädchen und Frauen auf grausamste Weise und schlugen all jene tot, die sich wehrten. Wer aber Tortur und Schändung überlebte, den pferchten sie in schnell gebaute, gut bewachte Korrale zur besseren Kontrolle und Bekehrung. So starb das Volk von Kak Balam, entehrt und gebrochen. Die Spanier aber tauften die Stadt zur Erinnerung an den heiligen Tag ihrer Ankunft »Nuestra Señora de los Dolores«.

Don Severo Medellin sandte nach vollbrachter Tat eine Botschaft an den Gouverneur von Yucatan und teilte ihm mit, daß nun nichts mehr den Bau der Straße hindern würde. Im selben Schreiben schwärmte er von edlen Hölzern, die hier wuchsen, und bat um Konzession zu deren Nutzung, zum Wohle Spaniens und der Krone.

Zum Beweis seiner guten Absichten sandte er dem Königlich Indischen Rat eine Auflistung der zu erwartenden Erträge aus dem Holzschlag nebst sehr possierlichen, mit großer Fertigkeit von eingeborenen Künstlern geschnitzten Figürchen. Man schickte seine Petition wie auch die hölzernen Figuren übers Meer. Im fernen Spanien blickte der junge König düster aus großen habsburgischen Augen auf die seltsamen Schnitzereien, und mit dem nächsten Schiff erhielt Don Severo Medellin die königliche Order für die Konzession.

In schneller Folge entstanden nun am Oberlauf des Rio Usumacinto und im Quellgebiet des Rio Lacantùn Don Severos Holzfällerlager. Für die harte, gefährliche Arbeit zog man die versklavten Lacandonen heran. Und wer bis dahin noch nicht an Schmach und eingeschleppter Krankheit gestorben war, der ging jetzt an der gnadenlosen Schinderei im Wald elendiglich zugrunde.

Und nun brachten die Lacandonen diesen mächtigen, gefürchteten Mann als ihren Gefangenen nach Cancuc. Jämmerlich, nackt und dreckig stolperte Don Severo inmitten seiner Bewacher dahin, mit schweren Fesseln an Händen und Füßen.

Während sie den Spanier vorwärts trieben, besangen die Lacandonen fröhlich in ihrem kehlig rauhen Idiom die Heldentaten, die zu der Gefangennahme führten. Neugierig kamen Kinder und Frauen aus Cancuc herbeigelaufen und betrachteten verwundert den nackten, stark behaarten, großen Mann. Ja, sie staunten, und sie lachten ausgelassen über Don Severo, wenn er fluchend zur Seite hüpfte, weil ihm einer der Bewacher spaßeshalber einen kleinen Stecken zwischen seine nackten Hinterbacken schob.

So stießen und zogen die Lacandonen den Spanier durchs Dorf. Viele Menschen eilten herbei, sahen das seltsame Schauspiel und lachten lauthals über Don Severos Verrenkungen.

Man brachte den Spanier zu einem kleinen Käfig aus Holz am Rande des Dorfes und sperrte ihn dort ein. Da saß er nun wie ein wildes Tier, nackt, sich die Scham bedeckend, mit irrem Blick. Er hatte mit dem Leben abgeschlossen und erhoffte sich nur noch einen schnellen Tod.

Seine Hoffnung sollte sich nicht erfüllen, denn die Lacandonen hatten ihn an diesen Ort gebracht, damit die Jaguarpriester ihn zu Ehren Maychels opferten.

Tief in der Nacht schlüpften die lacandonischen Priester unter rituellen Gesängen in das Fell des Jaguars, maskierten sich mit grauenhaften Fratzen aus Tierhaut, streiften sich wie Handschuhe die Jaguarpranken mit den geschärften

Klauen über und zogen dann stampfend im aufpeitschenden Rhythmus der Rasseln hinaus zu Don Severos Gefängnis. Fürchterlich fauchend, tanzten sie wie besessen um den Käfig und hieben mit den scharfen Klauen durch das Gitter nach dem Nackten.

Don Severo brüllte gellend auf, sprang verzweifelt hin und her, drehte sich flehend im Kreise und versuchte, den Krallen zu entgehen. Aber die Priester tanzten unermüdlich, schlugen nach dem Spanier und fügten ihm tiefe Risse zu. Er schrie heulend zum Himmel, bettelte die Heiligen um Beistand an, fluchte häßlich auf den Santiago, weinte keuchend nach der Mutter und brach schließlich in grenzenloser Pein zusammen. Da drangen die Priester in den Käfig und zerrten den willenlos Zitternden heraus. Brüllend fielen sie über ihn her, und noch lange mischten sich die schrillen Schmerzensschreie des Spaniers in das fauchende Geheul der Jaguare. Dann endlich war es still.

Am nächsten Morgen waren die Lacandonen verschwunden. Unweit des Dorfes fand man die zerfleischten Reste Don Severos. Auf dem zerwühlten Boden sah man klar und deutlich Spuren dreier großer Jaguare.

Es herrschte Hunger in Ciudad Real. In der Ordensschule des Konvents verteilte man dünne Suppen an die Menschen, und in den Kirchen hielt man verzweifelte Gottesdienste, sang entkräftet das Miserere, flehte um die Barmherzigkeit des Herrn. Niemand wußte, was draußen im Land vorging. Der Bischof war verschollen, und die Soldaten, die man ausgeschickt hatte, um ihn zu suchen, waren nicht zurückgekehrt. Nachts lag man offenen Auges, fand keinen Schlaf, quälte sich in schweren Träumen, wartete auf den Morgen. Am Tag hockten die Herren und Damen, die Hidalgos und die Granden, jede Sitte vergessend, gemeinsam mit den einfachen Soldaten auf den Türmen und Dächern und schauten verkniffen über das Tal. Ihr Blick glitt über das verwüstete Land. Drüben am Ufer des Rio Amarillo, unweit der Stadt, sah man das verkohlte Gebälk der Getreidemühle wie ein riesiges Skelett inmitten der verbrannten Erde. Von dort bis zum westlichen Rand des Tales wogten noch vor kurzem goldgelb die Weizenfelder des Señors de Esquipulas, und prächtig inmitten der Felder prunkte das Herrschaftshaus seiner Hacienda. Jetzt stachen die verbrannten Reste seines Hauses wie dürre Finger in den Himmel, und seine Ländereien lagen in Schutt und Asche.

Señor de Esquipulas war dem Überfall der »Soldaten der Jungfrau« gerade noch entkommen und hatte sich mit seiner Familie in die Stadt gerettet. Jetzt stieg er Tag für Tag zum Cerrito de San Cristòbal hinauf und blickte hinüber zu den Ruinen seines Besitzes. Und wie die anderen auch, erfüllte ihn unbändiger Haß.

In der Ferne dröhnten die Kriegstrommeln von Pedro Caneks Kampftruppen und Juanito Molìns Kriegern. Hin und wieder tauchten sie auf, gespensterhaft, wie Hyänen, den Zusammenbruch von Ciudad Real erwartend.

Die Städter aber blieben weiter im ungewissen. Seit Wochen war kein Händler mehr die steilen Pässe ins Hochtal von Jovel heraufgekommen, keine Karawane war durchgezogen, und kein Kronbeamter war zur Visite erschienen - niemand, der Auskunft hätte geben können.

Dreimal schon hatte man Boten entsandt, um Hilfe zu holen. Die letzten waren vor zwei Wochen losgezogen, doch nichts war passiert. Waren sie durchgekommen? Hatten sie Hilfe gefunden? Oder waren sie von den »Wilden« gefangen worden? Man wußte es nicht. Die Ungewißheit zehrte schlimmer als der Hunger an den Nerven der Eingeschlossenen.

Im Hause des Teniente Juan Letrado y Bayo saß der Rat der Stadt mit Vertretern der Kirche zusammen. Die Luft war schwer vom Rauch vieler Zigarren. Im offenen Kamin flackerte ein kleines Feuer gegen die Kühle des Abends, und einige Kerzen warfen ein schwaches Licht auf die Versammelten. Man diskutierte hitzig und laut.

»Euer Gnaden, beruhigt Euch! Wir werden einen Ausweg finden!« übertönte der Teniente mit fisteliger Stimme das Durcheinander.

»Das sagt Ihr jetzt schon seit Wochen!« polterte Don Victor Beltrano, der Sklavenhändler.

»Seid doch vernünftig, Don Victor!« versuchte Juan Letrado einzulenken. »Ich werde morgen erneut zwei Männer losschicken. Mehr kann ich nicht tun. Wir müssen warten!«

»Warten! Immerzu warten!« klagte Señor de Esquipulas. »Es ist eine Schande, daß wir hier sitzen und warten.«

»Was hätten wir denn Eurer Meinung nach tun sollen, Euer Gnaden? Hinausziehen? Uns den Wilden stellen? Die Stadt entblößen?« verteidigte sich der Teniente.

»Das wäre auch nicht schlimmer gewesen, als jetzt in der Stadt zu verhungern!« schrie der Sklavenhändler.

»Ihr macht Euch ja lächerlich, Don Victor«, entgegnete der Teniente. »Ihr wißt genau, daß unsere Wachmannschaften keinen Erfolg gehabt hätten. Wir haben viel zuwenig Soldaten.«

»Ja, durch Eure Taktik, verehrter Juan Letrado y Bayo. Zuerst verliert Ihr fünfzig Männer für des Bischofs Bekehrungspolitik und dann nochmals zwanzig, um ihn zu suchen!« höhnte Victor Beltrano.

»Ich muß doch bitten, Euer Gnaden!« erregte sich jetzt auch Antonio Mendez. »Was hat die Politik der Kirche mit der Verteidigung der Stadt zu tun?«

Abschätzig maß Victor Beltrano den erregten Padre. »Ihr seht also keinen Zusammenhang zwischen den Handlungen der Kirche und dem Aufstand der Wilden, werter Padre?« fragte er scharf.

Antonio Mendez sprang auf. »Nein, den sehe ich nicht, Euer Gnaden! Und ich rate Euch zur Mäßigung! Es steht Euch nicht zu, das Wirken seiner Exzellenz des Bischofs zu beurteilen. Die Fragen der Kirche beantwortet noch immer die Kirche!«

»Dann frage ich Euch, werter Padre: Wo ist die Antwort der Kirche? Soweit ich sehe, bezahlen wir die Zeche!« Drohend erhob sich jetzt auch Victor Beltrano.

Doch der Padre ließ sich nicht einschüchtern. Er deutete mit seinen dürren Fingern auf den Sklavenhändler und sagte mit schneidender Stimme: »Wenn schon von Bezahlung gesprochen wird, Euer Gnaden, dann habt nicht zuletzt Ihr sehr gut an der Politik Seiner Exzellenz des Bischofs verdient!«

»Meine Herren!« beschwichtigte der Teniente. »Nehmen Sie um Christi willen Vernunft an! Ein solcher Streit führt

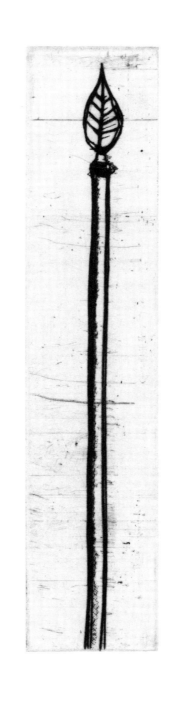

doch zu nichts.« Er wandte sich an Antonio Mendez: »Don Victor ist erfüllt von Sorge um das Schicksal der Stadt, Padre. Es liegt sicher nicht in seiner Absicht, die Kirche zu kränken.« Flehend blickte er zu dem Sklavenhändler hinüber. »Ist es nicht so, Don Victor?«

»Nun ja, natürlich. Wem drückt die Situation nicht aufs Gemüt«, antwortete Victor Beltrano mißmutig und nahm widerstrebend Platz.

Auch Antonio Mendez beruhigte sich wieder. Juan Letrado y Bayo lehnte sich aufatmend zurück und erklärte den Anwesenden seinen Plan für den nächsten Tag.

Gegen Abend des morgigen Tages wolle er mit allen verfügbaren Soldaten einen Ausfall auf der Straße nach San Juan de Chamula wagen, in der Hoffnung, die Aufmerksamkeit der »Wilden« damit nach Norden zu lenken. Zur gleichen Zeit, kurz nach Einbruch der Dunkelheit, würden zwei furchtlose und erfahrene Männer seiner Mannschaft versuchen, das Tal von Jovel entlang des Rio Amarillo in Richtung Süden zu verlassen. In einer Woche könnten die beiden, so Gott will, in San Cristòbal de los Llanos eintreffen und von dort nach Santiago de los Caballeros weiterreiten. Wenn dies gelinge, komme binnen Monatsfrist ein Heer aus Guatemala herauf, um das Bergland zu befrieden.

»Ein Monat ist eine lange Zeit«, klagte leise Señor de Esquipulas.

»Es ist eine lange Zeit für die Zweifelnden«, warf Antonio Mendez ein, »aber den Hoffenden vergeht sie im Flug.«

»Möge Gott geben, daß Ihr recht habt, Padre«, erwiderte Señor de Esquipulas, »denn lange halten wir das nicht mehr aus.«

Der Teniente erhob sich und löschte die Kerzen. »Gehen Sie nach Hause, meine Herren. Es gibt nichts, was wir heute noch tun könnten.«

Langsam und umständlich verabschiedeten sich die Räte und die Padres. Zögernd verließen sie das Haus, skeptisch und voll Zweifel die einen, mit leiser Hoffnung die anderen, jeder aber bedrückt und still.

Auf der Plaza Mayor empfing sie der kalte Nachtwind, und er wehte den hohlen, hämmernden Klang der Kriegstrommeln von den Bergen herunter in die Stadt.

Sein Pferd am Zügel, mühte sich Melchor Rodriguez Mazariegos durch den Dschungel des Petén. Er kam aus Nuestra Señora de los Dolores oder Kak Balam, wie es die Lacandonen nannten. Er war dem Tod entronnen, da er sich glücklicherweise nicht in der Stadt befand, als die Lacandonen angriffen. Hätte er nicht gerade flußabwärts den neuen Holzschlag vorbereitet, dann wäre es ihm genauso ergangen wie den anderen, dann würde er jetzt irgendwo erschlagen im Dreck liegen oder Opfer kannibalischer Riten sein. Aber er lebte, und das, so sagte er sich immer wieder, verdankte er seinem Glück.

Auf dem Rückweg von der neuen Montería hatte er nämlich von einem Hügel aus das Feuer über der Stadt gesehen, war sofort umgekehrt und hatte sich versteckt. Bald darauf kam ein Haufen Indios nahe an ihm vorbei. Gröhlend und singend führten sie einen Gefangenen in ihrer Mitte. Fast hätte er laut aufgeschrien, als er Severo Medellin erkannte. Da taumelte sein alter Gefährte, gefesselt und nackt, unter Hieben und Schlägen vorwärts, bespuckt und mit Kot beworfen von dem Gesindel. Er konnte ihm nicht helfen, konnte nichts tun, ohne selbst in Gefahr zu geraten. So hatte er sich ganz still verhalten. Als der Zug außer Sicht war, hatte er sich aufgerafft und war losgeritten. Er mußte Hilfe holen und Bericht erstatten, ehe die Frevelei der »Wilden« das ganze Land ergriff.

Und so kämpfte sich Melchor Rodriguez Mazariegos durch den Urwald, kroch zähneknirschend durchs Gestrüpp, schlug und drängte sein Pferd und gönnte weder sich noch dem Tier eine Rast. Und während er so vorwärtshastete, stiegen immer wieder Bilder von Don Severo Medellin vor seinem geistigen Auge auf. Er sah ihn schemenhaft im Nebel, nackt und bedrängt von drei furchtbaren Schatten. Taumelnd tanzte Don Severo zwischen ihnen eine stumme, verzweifelte Quadrille. Sie aber sprangen geifernd an ihm hoch, rissen an ihm, stießen ihn, schubsten ihn sich gegenseitig zu. Don Severo strauchelte, fiel zu Boden und verschwand in wabernden Nebeln. Aber immer wieder tauchte für Augenblicke das Gesicht des Freundes aus den Nebeln auf, leichenblaß und verzerrt vor maßlosem Schmerz. Schließlich stürzten sich die Schatten auf den sich verzweifelt Wehrenden und begruben ihn unter sich. Aber es waren keine Schatten! Nein! Deutlich sah Mazariegos jetzt, daß es Jaguare waren. Und von ihren Fängen, ihren Zähnen troff schwer und rot das Blut Severo Medellins.

Da packte Melchor Rodriguez das kalte Grausen, und furchtbare Angst trieb ihn vorwärts. Wo es das Gelände erlaubte, ritt er sein Pferd im gestreckten Galopp. Nach vier Tagen kam er verwirrten Geistes und mit einem lahmenden Roß in Santiago de los Caballeros an. Tier und Reiter wankten mit letzter Kraft durch die prächtigen reichen Straßen der Stadt, argwöhnisch begafft von den Passanten. Sie erreichten die Plaza Real, und dort, vor dem Palast des Generalcapitáns, brach Mazariegos' Pferd zusammen. Zwei Wachen rannten herbei und zerrten den bewußtlosen Mazariegos unter dem zuckenden Pferdeleib hervor. Sie schleppten ihn ins Gebäude, legten ihn auf eine Pritsche und schickten nach dem Arzt.

Am Abend saß Melchor Rodriguez Mazariegos, zwar noch schwach, aber wieder bei Sinnen, mit General Jacinto Esteve de Barrios und dessen Stellvertreter Manuel de la Vega bei Tisch.

»Wie ich schon berichtete, Euer Exzellenzen«, sagte Mazariegos mit vollem Mund, »Nuestra Señora de los Dolores ist vollkommen zerstört, und unsere Landsleute sind alle hingeschlachtet.«

»Erklärt uns, Don Melchor, wie das geschehen konnte«, bat ihn Manuel de la Vega.

»Euer Exzellenz, ich weiß es nicht. Ich war ja nicht dabei. Aber glaubt mir, die Zerstörung der Stadt war geplant. Es war kein spontaner Aufstand der Holzarbeiter, denn die Wilden, die Don Severo verschleppten, hatten ihre Körper bemalt und trugen Lanzen und Wurfspeere. In den Holzfällerlagern aber gab es keine Waffen, soviel ist sicher.«

»Ihr glaubt also an einen Kriegszug der Waldindianer?« fragte General Jacinto Esteve verblüfft.

»So ist es, Euer Exzellenz«, antwortete Melchor Mazariegos.

Der General und sein Stellvertreter sahen sich betroffen an. Ausgerechnet in dieser unwegsamen Provinz brach ein Aufstand aus. Es war schwierig, ein Heer dorthin zu schicken, und es war noch schwieriger, eine Schlacht in den undurchdringlichen Wäldern zu schlagen. Aber beide wußten, daß Don Melchor Rodriguez Mazariegos kein Mann war, der kleiner Scharmützel wegen den Schutz der Capitanía anrief.

Dieser Mann war mit den Gebräuchen und Sitten der Waldindianer vertraut, war kein Feigling und kannte den Petén wie kein anderer. Neben Severo Medellin hatte er größten Anteil an der Unterwerfung und Besiedlung des unzugänglichen Gebietes. Er war ein Nachfahr jenes berühmten Diego de Mazariegos, des Hernán Cortéz' Gefolgsmann und Begründers von Ciudad Real. Und, so viel war gewiß, dieser zähe, harte Mann setzte nicht seinen Ruf wegen einiger verirrter Indianerpfeile aufs Spiel.

»Wir danken Euch, Don Melchor, für Euern Bericht und die schnelle Warnung«, sagte dann auch der General, und sein Stellvertreter fügte hinzu: »Wir hoffen, daß Ihr uns für eine baldige Strafexpedition zur Verfügung steht.«

»Sie können mit mir rechnen, Euer Exzellenzen. Schon Don Severos wegen«, erwiderte Melchor Rodriguez Mazariegos finster.

Die beiden Herren wünschten dem Ankömmling eine ruhige Nacht und entfernten sich eilig. Jacinto Esteve de Barrios ließ sich trotz der späten Stunde noch in der Casa Consistorial, dem Rathaus, anmelden und berichtete den zusammengetrommelten schlaftrunkenen Räten von den Vorfällen im Dschungel.

In den folgenden Tagen glich die Generalcapitanía einem Bienenhaus. Befehle für die Aushebung der Truppen gingen hinaus, Boten eilten durch die Stadt, die Hauptleute der einzelnen Kampfverbände erörterten blutige Strategien. Lärmend, singend, Zoten reißend sammelten sich überall die Soldaten. Man lagerte außerhalb der Stadt, wartete auf die Rekrutierten aus den Küstengarnisonen, verteilte Seitengewehre, putzte die Kanonen und die Flinten und handelte lautstark mit den spanischen und indianischen Marketendern.

Mitten hinein in diese kriegerische Betriebsamkeit kamen die beiden Boten aus Ciudad Real. Fast zwei Wochen waren sie unter Lebensgefahr unterwegs gewesen, hatten sich aus dem Hochland herausgeschlichen und waren nachts bis zur Erschöpfung marschiert. Dann endlich waren sie auf den Höhen der Sierra de los Cuchumatanes auf eine Händlerkarawane gestoßen und mit ihr weiter nach Santiago de los Caballeros gezogen. Jetzt standen sie, verwirrt vom hektischen Getriebe der prächtigsten und schönsten Stadt Neuspaniens, unter den Arkaden am Rande der Plaza Real. In den letzten beiden Wochen hatten sie oft mit ihrem Leben abgeschlossen, sich gegenseitig in ihrer Verzweiflung

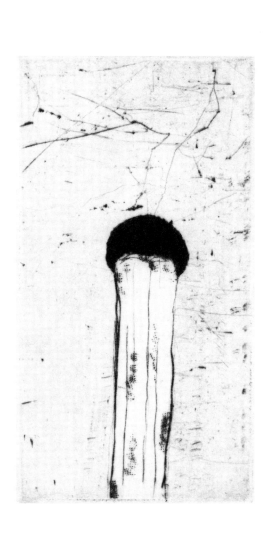

gestützt und zu Gott und allen Heiligen gebetet. Nun, da sie heil angekommen waren, drängte es sie in die Kirche. Sie liefen über die Plaza Real, vorbei an den Läden der Tuchhändler, der Goldschmiede und Bernsteinschleifer, hinüber zur mächtigen, neu erbauten Kathedrale Santo Yago. Erleichtert traten sie durchs Portal, wo sie, geblendet von all dem getriebenen Gold der Altäre und Bilder, zu Boden sanken. Sie dankten ihrem uralten Heiligen inbrünstig für das gute Gelingen der gefahrvollen Mission. Dann erst meldeten sie sich in der Generalcapitanía und berichteten vom Krieg der Bergindianer, vom spurlosen Verschwinden Alvarez de Toledos und von der Blockade ihrer Stadt Ciudad Real.

Wie vom Donner gerührt, hörten Jacinto Esteve de Barrios und Manuel de la Vega den Bericht der beiden Boten aus Ciudad Real. Schlagartig begriffen sie das Ausmaß der Rebellion. Damit hatten sie wahrhaftig nicht gerechnet. Nie und nimmer reichten die Kräfte der guatemaltekischen Verbände aus, um ein derart großes Gebiet zurückzuerobern - nicht gegen einen gut gerüsteten und entschlossenen Gegner. Jetzt mußte man schnell handeln. Man schickte auf der einzigen freien Straße entlang der pazifischen Küste Kuriere nach Tabasco am Golf von Mexiko und forderte dringlich vom dortigen Generalcapitán Lope de Marín Verstärkung für die Befreiung des Hochlands. Binnen einer Woche nach Abreise der Kuriere wollte man von Santiago aus ins Hochland marschieren. Spätestens in drei Wochen würde das Heer des Lope de Marín, von Tabasco kommend, die Aufständischen von Norden her angreifen. Von zwei Seiten in die Enge getrieben, würden die Rebellierenden nicht lange standhalten.

Am Tage des Abmarsches versammelten sich die Führer des guatemaltekischen Heeres mit ihren Familien zum Gottesdienst in der großen Kathedrale Santo Yago.

Weithin dröhnten mahnend die Glocken der Kirche, hallten durch die Stadt hinaus ins Land. Und die heiligen Schläge ließen die Versklavten, die Peónes und die Knechte erschauern. In der Kirche aber hielten die Herren des Heeres, die Räte, die Bürger und Damen der Stadt Zwiesprache mit Gott und den Heiligen. Die einen baten um Sieg und Erfolg, die andern um gute Geschäfte und gesunde Rückkehr. Sie standen gesenkten Hauptes vor den schimmernden Altären, über den Gräbern der Gründer der Stadt. Und manch einer der Herren des Heeres fühlte Kraft aufsteigen aus den Gräbern des Pedro de Alvarado, des Francisco de la Cueva, des Bernal Díaz del Castillo, jener großen, glänzenden Eroberer und Begründer eines neuen Spaniens hier in diesem Teil der Welt.

Und so kamen die Spanier ins Hochland geritten, eintausend Mann aus Guatemala und nochmal soviele aus Tabasco - stampfend die Rösser, gleißend die Helme, funkelnd die Säbel, die Spitzen der Bajonette im Licht der hellen Sonne. Die Bärte der Männer waren naß von Schweiß und ihre Gesichter grellrot verbrannt und aufgesprungen. Und mitten unter den Soldaten ritten die Pfaffen und schwitzten nicht minder in ihren Kutten.

Wie die biblischen Plagen fielen die Spanier in die indianischen Dörfer des Berglands ein. Sie spießten auf und erschossen, was ihren Weg kreuzte: Kinder, Mädchen, Frauen, Alte. Sie trieben ihr Geschlecht in die zuckenden und toten Leiber, während die Pfaffen zur Seite traten und ihr Kreuz gegen die Verderbtheit der Dörfler schlugen.

Wie ein Lindwurm durchbrach der Heerzug den Urwald, wälzte sich durch die engen Klammen und über sumpfige Furten hinauf in die kargen Hochtäler - spie Feuer, Fluch und Tod ins Land.

Wo sie durchzogen, verwandelten sie die klare, reine Luft der Berge in den giftigen Brodem der Küstensümpfe, platzten über dem Land wie die Gasblasen einer uralten Fäulnis. Und wer einmal den Gestank von Blut und Fleisch, Haß und Gewalt, Urin und Sperma gerochen hatte, der verdarb im Gemüt und verfiel für immer dem Wahnsinn. Von grauenhaftem Entsetzen getrieben, irrten die Überlebenden dieser Metzelei durch die Berge, flehten zu Hunab Ku und Maychel und baten um einen schnellen Tod und ewiges Entrinnen.

Ein vieltausendfacher, verzweifelter Schrei gellte durch die Berge: »Die Kastilier kommen!«

Und sie kamen, die Heilandräcker, aus Tabasco über Chiapa de Corzo und aus Guatemala über San Cristòbal de los Llanos. Das war nicht das erstemal, aber zum erstenmal kamen sie, nur um zu bestrafen, um sich die Städte, die Dörfer und Ländereien, die sie vor zweihundert Jahren gestohlen hatten, zurückzuholen. Sie hatten einzig im Sinn, den Frevel der Minderwertigen, der Unmündigen, des »Viehs« zu rächen. Welcher Vorwitz hatte die wohl getrieben? Unwichtig. Adelante! Vorwärts! Jetzt würde man diesen Vorwitz ausbrennen wie eine schwärende Wunde.

Trotz der unmenschlichen Hitze sang man lauthals die alten Lieder der Reconquista aus dem fernen Covadonga der spanischen Heimat, und die Terzerolen schlugen laut knallend den Rhythmus zu den gewalttätigen Melodien.

Schon lagen der Tzontehuitz und der Ecatepec vor ihnen, die Berge, die sie von ihrer Stadt Ciudad Real trennten. Bereits in der nächsten Nacht würde man durch die Schluchten hinaufsteigen und das Gebiet der Zinacanteca überrennen. Bald war die Stadt befreit.

»Dann feiern wir mit Tanz, Gesang und Weibern«, riefen die Soldaten lachend.

Das letzte Lager wurde am Rio Grijalva aufgeschlagen. Still und friedlich trieb der Fluß durch die weite Ebene. Lope de Marín, der General aus Tabasco, ritt ruhelos am trägen blauen Wasser entlang und blickte aus entzündeten Augen hinauf zu den mächtigen, steilen, drohenden Bergen.

Pedro Canek kam mit einer wilden, verwegenen Schar »Soldaten der Jungfrau« in die Stadt Zinacantan. Furchterregend waren sie anzusehen mit ihren Umhängen und Mützen aus Jaguarfell, den bemalten Gesichtern, den gefiederten Lanzen und Wurfspeeren. Betreten und neugierig zugleich blickten ihnen die Dorfbewohner nach, als sie zum Haus des Kaziken marschierten. Laut und herrisch verlangten sie eine Unterredung mit den Mayores der Zinacanteca. Sie setzten sich in den Schatten unters Vordach und warteten, bis die Mayores und der Kazike erschienen. Dieser befahl, Speise und Trank für die Gäste zu bringen. Schon bald saß man bei Tamales und Maisbier zusammen, und Pedro Canek berichtete vom Aufmarsch der Spanier.

»Das wissen wir längst«, unterbrach ihn finster der Kazike. »Schon seit Tagen lagert dort unten am Tabascoöb ein riesiges Heer.«

»Und? Was werdet ihr machen, wenn sie kommen?« wollte Pedro Canek wissen.

Der Kazike hob hilflos die Schultern.

»Wollt ihr tatenlos zusehen, wie sie ins Bergland einfallen? Wollt ihr beiseite treten, wenn sie die Völker umbringen?« fragte der junge Dzotzil ungläubig.

»Habt ihr, du und dein Volk, damals geholfen, als sie uns abschlachteten?« fragte der Kazike hitzig zurück.

»Bruder, das ist lange her, und wir wußten zu jener Zeit nichts davon. Außerdem, habt ihr's uns nicht im Dienste der Kastilier heimgezahlt?« Pedro Canek hob beschwörend die Hände. »Laß uns den alten Streit beenden, Bruder!« lenkte er ein und lachte versöhnlich. »Denn du und ich, wir waren damals noch gar nicht geboren.«

Der Kazike und die Mayores blickten stumm vor sich hin, doch Pedro Canek ließ nicht locker. »Ihr wart als einziges unter den Völkern nicht bei den Versammlungen in Cancuc. Glaubt ihr nicht, daß Maychel, die Jungfrau vom Rosenkranz, auch für euch zurückgekehrt ist? Wollt ihr nicht für ein neues Mayab kämpfen?«

Leise erwiderte der Kazike: »Wir sind nicht viele, Pedro. Und wir sind das Kämpfen nicht mehr gewöhnt.«

»Glaubst du, die Kastilier machen einen Unterschied zwischen Kriegern und Weibern?« fragte der Dzotzil bissig.

»Ich weiß es nicht. Aber wenn wir kämpfen und nicht siegreich sind ... ?«

»Dann ist es so, als hättet ihr nicht gekämpft«, gab Pedro Canek zu. »Aber die Idee Mayabs wäre von euch nicht kampflos geopfert worden!«

»Was nützt uns eine Idee!« fuhr da der Kazike auf. »Seit der Zeit der Vorväter, seit der verhängnisvollen Schlacht von Chiapan fehlt es uns an frischem Blut! Unsere Frauen sind unfruchtbar, und unsere Jüngsten welken wie der geknickte Mais. Was verlangst du von uns? Daß wir uns im Kampf auslöschen?«

Voll Pein blickte der Kazike in die Runde, und die Mayores seufzten. Unter den »Soldaten der Jungfrau« aber herrschte eisiges Schweigen.

Unbeeindruckt von den jammervollen Mienen der Zinacanteca, ergriff Pedro Canek wieder das Wort: »Glaubst du, nur ihr habt unter der Herrschaft der Kastilier gelitten? Da machst du es dir einfach, Kazike! Ich will dir sagen, was uns bevorsteht. Nicht nur am Tabascoöb warten die Kastilier, ein zweites ihrer Heere marschiert ins Bergland. Sie kommen aus Quiché, dem Waldland, und haben bald Comitàn erreicht. Sie brennen, erschlagen und morden alles, was lebt.«

Betroffenheit und Angst zeigte sich auf den Gesichtern der Zinacanteca.

»Wir brauchen Zeit«, fuhr Pedro Canek fort, »denn wenn sich die beiden kastilischen Heere vereinigen, dann sind sie nicht mehr zu besiegen. Darum muß das Heer am Tabascoöb so lange aufgehalten werden, bis das aus dem Waldland geschlagen ist. Und bei den alten Göttern, wir werden sie schlagen, wenn ihr helft, die am Tabascoöb abzuwehren.«

»Meinst du, wir können diese riesige Heerschar aufhalten?« fragte der Kazike zweifelnd.

»Wer, wenn nicht ihr? Es gibt nur einen Weg, den sie nehmen können: die alte Salzstraße. Es ist eure Straße. Wer kennt sie besser als ihr! Wer kann sie besser verteidigen als ihr!« eiferte sich Pedro.

Unbehaglich wiegte der Kazike seinen Kopf. Da saßen die Jaguarkrieger mit ihrem Anführer und drängten auf eine schnelle Entscheidung. Sie verlangten von seinem Volk Beistand in der Schlacht. Sie verlangten Unerhörtes, Unmögliches. Aber war es wirklich so unmöglich? Die Zinacanteca hatten viel über die Vereinigung der Völker, die »Soldaten der Jungfrau«, diesen Pedro Canek, die Schwarze Schlange, gehört. Durch die Taten der »Soldaten der Jungfrau«, durch den Willen der Götter war das Bergland befreit worden. Durften sich die Zinacanteca diesem Willen verweigern?

Wie vor zweihundert Jahren standen die Kastilier wieder am Fuß der Berge. Damals hatten sie, die Zinacanteca, um ihre Berge, ihre Städte und ihr Salz gekämpft. Allein und ohne Hilfe. Damals waren sie groß und mächtig gewesen, das reichste unter den Völkern, und trotzdem grausam geschlagen worden. Nun, da sie arm und elend waren, sollten sie wieder kämpfen. Diesmal allerdings nicht allein, sondern gemeinsam mit den Völkern der Berge, zusammen mit den alten Göttern und einem gut gerüsteten indianischen Heer. Dies war gefährlich und verlockend zugleich, wenn man es recht bedachte. Der Kazike und die Mayores erinnerten sich der Schwarzen Madonna und der sprechenden Steine vom Tzontehuitz. Waren die Götter nicht zuerst zu ihnen gekommen? War nicht ihre einstige Größe eine Verpflichtung in der heutigen Zeit? In ihren Köpfen wechselten Angst und Mut.

Sie wägten zwischen den Schrecken eines neuerlichen Krieges und den Segnungen eines Lebens ohne kastilische Willkür ab. Und sie dachten an ihr Salz.

»Du glaubst also an einen Sieg der Völker?« fragte der Kazike zögernd, schon schwankend.

»Bei Akau Kin und Hesoristo, bei Maychel, der Jungfrau vom Rosenkranz: Natürlich siegen wir!« rief Pedro Canek. »Wir glauben an den Willen der Götter und an die Worte der Prophezeiung. Das Salz eurer Berge wird wieder euch gehören, und die Leiber eurer Frauen werden wieder fruchtbar sein. Helft jetzt, und Mayab wird strahlend und frei!«

Da huschte ein Lächeln über die zaghaften Gesichter der Zinacanteca. Der Kazike stand auf und verbeugte sich tief vor den Göttern. So verharrte er eine Weile, und dann, als er sich wieder aufgerichtet hatte, erklärte er: »Es sei, wie du sagst, Bruder Canek. Möge uns die Jungfrau vom Rosenkranz schützen. Wir werden kämpfen!«

Kurz nach Einbruch der Dunkelheit trat Antonio Mendez durch das südliche Tor von Ciudad Real und verschwand lautlos in der Nacht. Schwarz und undurchdringlich war die Finsternis. Trotzdem schritt der Padre sicher am Ufer des Rio Amarillo aus. Bald erreichte er die alte Salzstraße. Er wandte sich nach Westen und tastete sich jetzt vorsichtig weiter, denn er wußte, daß überall in den Bergen rund um die Stadt Dzotzil und Mames lauerten. Seit vielen Wochen war jeder Spanier, der sich auf dieser Straße bewegte, des Todes.

Antonio Mendez fürchtete den Tod nicht mehr. In der abgeschnittenen Stadt lebte er seit geraumer Zeit im Angesicht des Todes. Hunger, Angst und Schrecken herrschten dort. Täglich wartete man zuletzt auf den Einfall der Rebellen. Erschöpft und gebrochen harrten die Einwohner aus. Kein Tag verging mehr, an dem man nicht einen Verwandten oder Freund zu Grabe trug. Die Stadt lag im Sterben.

Gestern jedoch war ein Bote aus San Cristòbal de los Llanos gekommen, abgerissen und erschöpft, aber mit froher Kunde: Aus Guatemala marschiere ein großes spanisches Heer zur Befreiung der Stadt heran!

Ungläubig hatten die Überlebenden den Worten gelauscht und dabei den Ankömmling aus spitzen, hungrigen Gesichtern angestarrt.

»Ein Heer?« fragte Victor Beltrano mit brüchiger Stimme. »Ein spanisches Heer?« wiederholte er fassungslos, nur langsam begreifend.

Da schrie der Teniente Juan Letrado y Bayo mit überschnappender Stimme: »Sie sind also durchgekommen! Meine Boten sind durchgekommen! Seht Ihr, Don Victor, ich hatte recht. Sie haben es geschafft!« Ausgelassen hieb er dem schweren Mann auf die Schulter.

Die grauen Gesichter der Anwesenden röteten sich. Mit Tränen in den Augen fielen sie sich in die Arme und feierten die Nachricht wie einen Sieg.

Doch der Bote aus San Cristòbal de los Llanos dämpfte die Freude der Eingeschlossenen. Ja, es komme ein Trupp Soldaten unter der Führung von Manuel de la Vega, es sei allerdings nicht gewiß, ob man der Aufständischen Herr werde. Denn die Kampfverbände der »Wilden« seien zahlreich und gut bewaffnet. Deshalb marschiere ein zweites Heer, geführt von Lope de Marín, aus Tabasco herauf. Dies stehe schon seit Tagen am Rio Grijalva, am Fuße der Sierra Madre del Sur, beobachtet von den Zinacanteca, die sich in den Steilhängen entlang der Paßstraße verschanzt hätten. Wenn die Zinacanteca jedoch in den Kampf eingriffen und dieser zweite Schlachttroß an ihrem Widerstand scheitere, dann könne es Jahre dauern, bis man die »Wilden« in zähem Kampf niederringe.

Man müsse die Zinacanteca vom Kampf abhalten, denn nur der freie Übergang über den Paß gewährleiste eine schnelle Befriedung des Berglandes.

Verwundert hatten die Herren bei diesen Worten die Köpfe geschüttelt. »Wie soll das gehen?« fragten sie erregt. »Glaubt Capitán de la Vega etwa, wir hätten hier ein Heer Soldaten, mit dem wir in die Schlacht ziehen könnten?«

Beschwichtigend hob der Bote die Hände. »Capitán de la Vega glaubt gar nichts, meine Herren. Aber vielleicht gibt es andere Möglichkeiten als die der Schlacht.«

»Ich wüßte nicht, welche«, sagte der Teniente. »Wir können die Zinacanteca nicht zwingen, ja wir können sie nicht einmal ablenken, denn selbst dafür fehlen uns die Soldaten.«

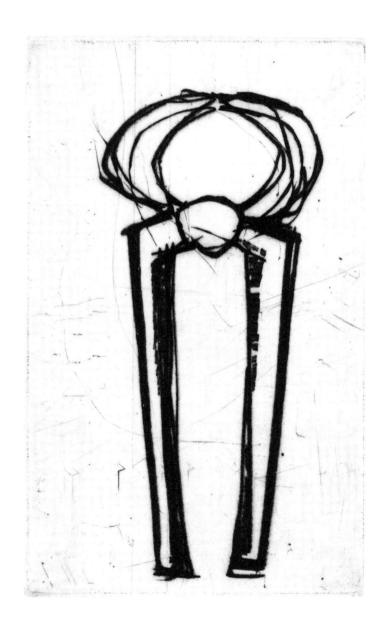

»Vielleicht muß man sie gar nicht zwingen, vielleicht kann man sie überreden oder ihnen etwas anbieten«, schlug der Bote vor.

»Was könnte das sein? Was könnten wir den Wilden anbieten, um sie vom Kampf abzuhalten?« Fragend blickte Letrado y Bayo in die Runde.

Die Anwesenden überlegten fieberhaft, zerbrachen sich die Köpfe und suchten angestrengt nach einer Lösung. Schließlich fand sie Don Victor Beltrano. »Ist nicht die Kirche im Besitz der Salinen, die seinerzeit der große Diego de Mazariegos den Zinacanteca abgerungen hat?« fragte er.

»Das ist richtig«, antwortete Fray Balthasar.

»Wie wäre es, wenn wir ihnen die Salzrechte im Gegenzug für ihre Nichteinmischung zurückgäben?« schlug der Sklavenhändler vor.

»Die Salzrechte!« riefen da die anwesenden Padres. »Niemals!«

Antonio Mendez richtete sich in seinem Sessel auf. »Warum die Salzrechte, Don Victor?« fragte er lauernd.

»Weil gerade die Zinacanteca das als Akt der Versöhnung verstehen würden, nachdem Ihr ihnen ihre heidnische Maria verbrannt habt, verehrte Padres«, antwortete der Sklavenhändler.

»Seid vorsichtig mit dem, was Ihr sagt!« brauste Antonio Mendez auf. »Es gibt für uns keinen Grund der Versöhnung! Die Kirche darf keinen Götzendienst zulassen. Das wißt hoffentlich auch Ihr, Don Victor!«

»Natürlich, werter Padre!« beschwichtigte der Sklavenhändler. »Aber Ihr habt nun einmal das Mittel in der Hand. Ich bitte Euch, gebt den Zinacanteca das Salz zurück. Man wird Euch für den Verlust entschädigen, sobald der Aufstand niedergeschlagen ist.« Victor Beltrano wandte sich hilfesuchend an den Teniente. »Ist es nicht so, Don Juan?«

»Es ist ein guter Vorschlag, werte Padres«, sagte dieser.

»Es gibt keinen besseren«, stimmten auch die anderen Herren ein.

Betroffen schwiegen die Padres eine Weile. Darauf folgte eine kurze, hitzige Beratung, und schließlich gaben sie, wenn auch widerwillig, nach. Sie holten die alten Schriften. Seufzend und mit zitternder Hand fertigte Fray Balthasar den neuen Titel, der die Zinacanteca wieder in ihre alten Rechte setzte. Umständlich siegelte er das Papier.

Dieses Dokument trug nun Antonio Mendez durch die Nacht und betete zu Gott und der barmherzigen Jungfrau, es möge das geeignete Mittel sein, um die Zinacanteca zu befrieden.

Er stand jetzt auf der Paßhöhe am Tzontehuitz. Von hier wand sich in steilen Serpentinen die alte Salzstraße vom Joveltal hinunter nach Tuxtla und weiter nach Westen zum Pazifik. Auf ihr war vor langer Zeit Pedro de Alvarado, der Eroberer, heraufgekommen und nach ihm Diego de Mazariegos, der Gründer von Ciudad Real, der schönen, reichen Stadt, die jetzt im Sterben lag.

Ein warmer Wind blies von Westen, vom Pazifik her. An den steilen Berghängen öffnete sich der wolkenverhangene Himmel, und Myriaden von Sternen blitzten am schwarzen Firmament der tropischen Nacht auf. Unter sich in der schwarzen Tiefe sah der Padre unzählige Lichter flackern. Es waren die Feuer der spanischen Truppen am Ufer des Rio Grijalva.

Antonio Mendez erkannte das Heerlager und hätte schreien mögen vor Freude. Ja, das mußte es sein! So nah waren die Befreier!

Mit einem Dankgebet auf den Lippen, stieg er vorsichtig die abschüssige Straße hinunter und erreichte gegen Mitternacht die alte Stadt Zinacantan.

Er hatte Glück, daß man ihn nicht sofort erschlug, sondern zum Hause des Kaziken schleppte.

Dort verlas er vor den undurchdringlichen Gesichtern der Mayores aufgeregt und mit zitternder Stimme das mitgebrachte Dokument und erläuterte das Angebot der Kirche.

Die Zinacanteca schwiegen.

Antonio Mendez aber sah das leise Flackern in den Augen des Kaziken und faßte Mut. »Es ist ein großzügiges Angebot. Bedenkt es doch!«

»Was du uns hier so großzügig anbietest, Kastilier, hat euch nie gehört. Das Salz kam von den Göttern, und mit Hilfe der Götter wird es wieder zu uns kommen«, entgegnete der Kazike.

Antonio Mendez aber ließ sich nicht beirren. »Da wäre ich nicht so sicher. Heute sah ich auf meinem Weg hierher das Lager der Spanier. Sie werden sich durch euch nicht aufhalten lassen. Wenn ihr mein Angebot annehmt, gewinnt ihr das Salz. Wenn nicht ..., « der Padre machte eine bedeutungsvolle Pause » ... verliert ihr alles!«

»Wir haben nichts mehr zu verlieren«, sagte der Kazike.

»O doch«, beharrte Antonio Mendez. »Euer Land, eure Frauen und Kinder, euer Leben und eure Seelen.«

Erstaunt blickten die Mayores auf. »Unsere Seelen?«

»Ja, eure Seelen!« erwiderte der Padre. »Gott wird euch mit Verdammnis strafen, wenn ihr euch diesem Aufstand anschließt.«

»Dein Gott hat uns schon bestraft. Wir fürchten ihn nicht«, sagte León Zacu, einer der Mayores. »Aber erklär uns eines: Warum verhandelst du mit uns, wenn du dir so sicher bist, daß ihr die Schlacht gewinnen werdet?«

»Damit nicht noch mehr Blut vergossen wird. Glaubt nicht, das Angebot wäre ein Zeichen unserer Schwäche. Doch wenn ihr annehmt, könnt ihr euch retten und gewinnt dabei. Entscheidet euch aber bald. Wenn ich nämlich nicht in zwei Tagen im Lager am Rio Grijalva bin, ist die Frist verstrichen und dann ...«

Da fiel ihm der Kazike ins Wort. »Wir haben jetzt genug gehört, Kastilier«, sagte er und ließ den Padre von zwei Wachen abführen.

Die Mayores saßen um das schwache Feuer und grübelten. León Zacu ergriff als erster das Wort. »Es ist ein verlockendes Angebot, das der Priester unterbreitet. Aber wir haben bei den Göttern unser Wort gegeben, daß wir kämpfen werden. Wenn wir es jetzt brechen, wird das Wort der Zinacanteca nichts mehr in Mayab gelten.«

»Wenn jemals wieder ein Mayab existieren wird«, warf der Kazike düster ein.

»Bezweifelst du die Prophezeiung?« wollte Zacu wissen.

»Nicht die Prophezeiung selbst. Aber ich bezweifle, daß die Völker stark genug sein werden, sie zu verwirklichen«, antwortete der Kazike.

León Zacu ließ sich nicht beirren. »Wofür haben wir dann unser Wort gegeben?«

»Unser Wort, unser Wort«, fuhr der Kazike auf. »Glaubst du ernsthaft, wir sind stark genug, die Kastilier auch nur einen Speerwurf weit aufzuhalten?«

Fragend blickte Zacu den Kaziken an. »Du willst das Angebot der Padres annehmen? Ist es so?«

»Ich denke an das Salz. Wir Zinacanteca waren groß durch das Salz. Wir sind nichts, seit es uns genommen wurde«, antwortete der Kazike lahm.

»Aber wer wird unser Salz noch kaufen, wenn die Völker erst erfahren haben, wie wir es wiederbekamen? Bedenkst du auch das, Kazike?« fragte Zacu hartnäckig.

»Die Völker werden es nicht mehr kaufen, weil es nach der Schlacht keine Völker mehr gibt!«

»Was nützt uns dann das Salz, wenn niemand mehr da ist, dem wir es verkaufen können?«

»Wir können es verkaufen!« schrie der Kazike.

»An wen?«

»An die Kastilier.«

Die Mayores saßen wie vom Donner gerührt und blickten sich nicht an. Es war ihnen unheimlich, was ihr Kazike da vorschlug. Das war mehr als nur Wortbruch, das war Verrat. Es hieß die Götter versuchen.

»Du setzt viel aufs Spiel, Kazike«, sagte jetzt leise und ohne Vorwurf Juan Bautista, der älteste der Mayores. Unendliche Traurigkeit schwang in seiner Stimme mit. »Mein Urgroßvater Bolom Beye war der letzte Salzhändler meiner Familie. Der Kastilier Diego Mazariegos ließ ihn pfählen, weil er den Lastriemen mit der Machete vertauschte und als Krieger die Zinacanteca gegen die Eindringlinge führte. Er war ein freier Mann, und er starb als solcher. Seither gibt es keine freien Menschen mehr bei den Zinacanteca. Meine Söhne und Töchter leben in der Fron der Kastilier. Sie waren niemals frei. Genausowenig wie mein Großvater, mein Vater und ich. Gewiß, das Salz hat die Zinacanteca groß gemacht. Doch ohne die Freiheit des Handels mit den Völkern wäre diese Größe nie möglich gewesen. Wenn es, wie du sagst, Kazike, keine Völker mehr geben wird, die das Salz kaufen können, dann verheißt der Besitz des Salzes keine Größe mehr. Der Salzhandel mit den Kastiliern wäre nur eine andere Form der Knechtschaft. Sie haben uns nicht nur das Salz gestohlen, sie haben uns auch die Freiheit geraubt. Jetzt geben sie uns das Salz zurück, damit wir niemals mehr die Freiheit erlangen.«

Ärgerlich schnaubte der Kazike. »Das sind doch alte Geschichten, Juan Bautista! Das Rad der Zeit läßt sich nicht zurückdrehen. Und die Kastilier werden nicht wieder verschwinden. Mag sein, daß das Salz uns nicht mehr zu alter Größe verhilft, aber es hilft uns, nicht zu verhungern.«

Das Feuer im Haus war heruntergebrannt, und nur ein schwaches rotes Glimmen spiegelte sich auf den Gesichtern der Männer. Juan Bautista erhob sich schwerfällig. »Ich habe ausgesprochen, was mein altes Herz mir eingab, Kazike. Heute bist du der Verstand der Zinacanteca. Es ist an dir, die Entscheidung zu treffen. Möge es bei den Göttern und der Schwarzen Madonna die richtige sein.« Mit diesen Worten trat er durch die Tür und verschwand in der Nacht.

Zusammengesunken saßen die anderen da in ihrer Angst. Keinem von ihnen war wohl ums Herz gewesen, als sie damals beim Besuch Pedro Caneks und der Jaguarkrieger für die Kriegsteilnahme gestimmt hatten, denn in ihrem tiefsten Innern waren sie noch immer Händler, und jeder Krieg war ihnen ein Greuel. Aber was jetzt geschah, erfüllte sie noch weit mehr mit Grauen. Gewiß, das Angebot der Padres war verlockend, doch wenn sie es annahmen, verloren sie in jedem Fall. Wenn sie sich dem Kampf nicht anschlossen und die »Soldaten der Jungfrau« die Schlacht gewannen, dann würden sie von den Völkern und den alten Göttern bestraft werden. Gewannen aber die Kastilier, dann wären sie erneut der Willkür der Eroberer und ihres Gottes ausgeliefert, ob sie nun gekämpft hatten oder nicht. Nahmen sie jedoch das Angebot an und hielten sich aus der Schlacht heraus, dann blieben sie zumindest am Leben.

Der Kazike ließ erneut den Padre holen. »Zeig uns jetzt die Dokumente!« befahl er dem Eintretenden.

Der Padre zog das Schriftstück aus den Falten seines Rockes und reichte es ihm. Man warf Reisig ins Feuer, und im Schein der hell lodernden Flamme beugten sich die Zinacanteca über das Papier. Man las stockend das harte Spanisch, diskutierte hektisch in rauhem Dzotzil und befühlte das Siegel der Padres. Schließlich faltete der Kazike das Dokument zusammen und legte es vor sich hin.

»Ihr nehmt an?« fragte der Padre gespannt.

»Ja«, erwiderte der Zinacanteca knapp.

Antonio Mendez atmete auf. »Dann muß ich jetzt ins Heerlager hinunter. Dort warten sie auf den Beschluß.«

»Nein, Padre. Du bleibst vorerst hier. Morgen werden wir dich in ihr Lager bringen, und in unserem Beisein wirst du ihnen den Einmarsch in unsere Stadt ausreden. Erst wenn wir sicher wissen, daß du nicht lügst, werden wir die Straße räumen. Was hätten wir schließlich von dem Salz, würden wir von den Kastiliern trotz des Vertrages erschlagen. Du garantierst uns für das Salz und unser Leben!«

»Ihr habt das Wort der Kirche. Es gibt keinen Grund, daran zu zweifeln«, entgegnete Antonio Mendez.

Als sie das hörten, lachten die Zinacanteca auf und schüttelten die Köpfe. Antonio Mendez sah ein, daß ihm nichts anderes übrigblieb als nachzugeben. Nur widerwillig ließ er sich erneut abführen. Man packte ihn und schleppte ihn zu der kleinen Kirche, die Alvarez de Toledo damals hatte ausräuchern lassen. Unsanft wurde der Padre die roh behauenen Stufen des Portals hinaufgeschleift und ins Innere der Kirche gestoßen. Antonio Mendez stellte fest, daß es noch immer verbrannt roch, und er dachte ungerührt an den Tag, als er hier im Gefolge de Toledos eintraf und dem Strafgericht des Bischofs beiwohnte. Er sah im Geiste die brennende Figur der heidnischen Göttin, den platzenden Schrein mit den Steinen und den beißenden Rauch, der aus der Kirche quoll. Ja, mit Feuer und Schwert wurde damals gepredigt, denn eine andere Sprache verstand das »Vieh« ja nicht. Und heute stand man wieder vor einer Schlacht, vielleicht der größten, die hier im Bergland im Kampf gegen den Antichrist zu schlagen war. Ja, heute vollendete sich des Bischofs Werk mit seiner, Antonio Mendez' Hilfe. Befriedigt lehnte sich der Padre zurück und schlief ein.

Als er erwachte, schimmerte der Tag schon hell durch das eingestürzte Dach der Kirche. Draußen war noch alles still. Er setzte sich auf, blickte auf die kahlen, schwarz verrußten Wände und betete.

Den ganzen Tag verbrachte Antonio Mendez wartend in der Kirche. Erst kurz nach Sonnenuntergang holten ihn die Zinacanteca, fesselten ihm die Hände und führten ihn auf verschlungenen Pfaden ins Tal des Rio Grijalva. Auf einem bewaldeten Höhenkamm machten sie halt. Der Schein unzähliger Feuer blinkte durchs Buschwerk, und Stimmen waren zu hören. Das Lager der Spanier war zum Greifen nah.

Antonio Mendez atmete auf. Nicht mehr lange, und seine Mission war erfüllt. Man löste ihm die Fesseln. In Begleitung des Kaziken und León Zacus stieg er den Abhang hinunter. Im Lager der Spanier angekommen, führte man die drei vor Lope de Marín, den General aus Tabasco. Der begriff sehr schnell, welch glückliche Fügung der Handel der Padres mit den Indianern war, und versprach den Zinacanteca in die Hand, er und seine Soldaten würden sich an diese Verträge halten. Freundlich begleitete er die beiden kurz darauf zum Lager hinaus und bekräftigte zum Abschied noch einmal sein Versprechen.

Der Kazike und León Zacu wandten sich wortlos ab und verschwanden in der Finsternis. Schweigsam stiegen sie den Hang hinauf, mit schlechtem Gewissen, aber großer Erleichterung, denn der Besuch im Lager hatte ihnen gezeigt, wie richtig ihre Entscheidung gewesen war. Niemand würde diese riesige kastilische Armee besiegen können, weder die »Soldaten der Jungfrau« noch die berühmten Heere der Vorväter, noch die alten Götter.

Und so kam es, daß die Zinacanteca in ihren Häusern blieben, als die gewaltige Streitmacht der Spanier in der darauffolgenden Nacht durch ihre Berge zog.

Cancuc war noch im Halbdunkel, doch die Gipfel der umliegenden Berge leuchteten schon im warmen Licht der ersten Morgensonne. Überall im Tal lagerten die Kampfverbände der »Soldaten der Jungfrau«. Der Marktplatz war überfüllt, und rund um das Dorf waren die Hänge mit Kriegern bevölkert. Männer und Frauen saßen in kleinen Gruppen an verglimmenden Feuern, aßen Posol und buken Tamales und Fladen aus Mais. Macheten wurden geschliffen, Speerspitzen erneuert, Pfeile befiedert. Überall war die Vorbereitung für die große Schlacht im Gange. Man sah Krieger in den alten Kampfanzügen der Vorväter. Gesichter, bemalt in wilden, verwegenen Mustern, leuchteten in den weißen, roten und schwarzen Farben der Völker.

Auf dem menschenvollen Marktplatz stellten einige Burschen und Mädchen gerade das Banner für das Heer fertig. Ein weißes Baumwolltuch war von den Frauen mit dem Bildnis Maychels, der Jungfrau vom Rosenkranz, verziert worden. Stolz prangte die Göttin auf dem Tuch. Flirrend umwob der Regenbogen aus den Federn des Feueraras, des Quetzals und des blauen Kakadus die Gestalt der Göttin. Schwarz und schwer hing der Rosenkranz herab. Zuletzt richteten die Burschen die Fahnenstange auf, und ein sanfter Wind erfaßte das Tuch.

Die Menschen jubelten beim Anblick der wehenden Fahne. Sie klatschten in die Hände und winkten hinauf zu den Hängen. Und die Männer und Frauen auf den Hügeln pfiffen begeistert und lachten.

Heftig und ungestüm ertönten in schnellem Wirbel die hellen Tontrommeln, und der schrille Kriegsschrei der Dzotzil zerriß die Luft. Von der anderen Seite des Platzes antworteten mit dumpfem Donnern die Eichenholztrommeln. Weithin hallten die dunklen Klänge, stiegen auf und rollten zurück von den Hängen, vielstimmig und gewalttätig. Schneller und schneller wurde der Rhythmus der Schläge, steigerte sich in ein kurzes Stoßen und brach urplötzlich ab.

In die Pause der Trommeln hinein aber jubelten die Menschen und zogen singend und tanzend zur kleinen Kirche hinauf, in ihrer Mitte die Fahne der Göttin.

Dort oben wartete seit Tagesanbruch Sebastian Gòmez und mit ihm eine Schar Frauen und Kinder. Die Luft in der Kirche war geschwängert vom bittersüßen Duft verbrannten Copals, das immer wieder in die kleinen Feuer geworfen wurde. In einem Kreis im Halbdunkel saßen die Rohrflötenspieler, und das helle Klagen ihrer Instrumente erfüllte den Raum. Sebastian setzte sich zwischen die Feuer und schloß die Augen. Er sog tief den Duft des Harzes in seine Lungen und überließ sich dem Spiel der Flöten.

Dann dachte er an seine Fahrt in den Himmel zurück, damals, als ihn San Pedro Apoxtal führte und er nichts war als ein unwissender Mensch. Er erinnerte sich an seine langen Wanderungen durch die vielen Städte und Dörfer des Berglands und der Tierra caliente und an seine Zusammenkunft mit dem weißen Priester, jenem Franxo Ximenez, der von den Völkern des Dschungels verehrt wurde. Er hatte Kraft und neue Verkündung in den heiligen Büchern der Maya gefunden, die dieser Priester übersetzte. Es waren dies alte Schriften seiner, Sebastians, Vorfahren, und der Padre hatte ihm ihren Sinn erklärt. Staunend hatte er sich in die Weissagungen aus alter Zeit vertieft und dabei entdeckt, daß alles, was er jetzt erlebte, von den Göttern vorherbestimmt war. Beglückt war er wieder aufgetaucht aus der Welt dieser Schriften, begierig, sie sogleich den Völkern zu verkünden. Franxo Ximenez hatte ihm zum Abschied einige auf einer hölzernen Presse gefertigte Abzüge der Schriften geschenkt und dabei wehmütig gelächelt.

Wie lange, fragte sich Sebastian jetzt, ist dies alles her? Er hatte die Tage seither nicht gezählt und nicht die Monde. Doch die Ereignisse lagen klar vor seinen Augen. Geholfen hatten die Jungfrau und die alten Götter, allen voran Akau Kin und Hesoristo, der große Señor vom Santa Cruz.

Jetzt war das Bergland befreit, und bald schon würden sie die letzte Schlacht gegen die Kastilier schlagen, die Stadt Ciudad Real einnehmen und ein Mayab errichten, von den Ufern des Pazifik bis zu den Stränden des östlichen Meeres. Ein Mayab, strahlend im Glanz der Götter, ohne Streit um Geldbörsen, erzwungene Schulden, kirchliche Abgaben und falsches Zeugnis. Ein Mayab, das frei sein wird von den Wickelbären und Füchsen und den blutsaugenden Insekten der Städte. Ein Mayab, aus dem das Elend durch die Macht der Götter und der freien Menschen verbannt sein wird.

Glücklich saß Sebastian auf dem mit Reisig bedeckten Boden der Kirche, lauschte den silbernen Klängen der Flöten und gab sich seinen Träumen hin. Jemand berührte ihn leicht an der Schulter. Er sah hoch. Nene kniete neben ihm und sagte leise: »Steh auf, Sebastian. Die Standarte ist da. Die Menschen wollen, daß du das Gebet sprichst und die Fahne weihst.«

Sebastian richtete sich auf. Nene beobachtete ihn aus großen dunklen Augen. Er lächelte ihr zu, zog sie an sich und strich ihr übers Haar. Hand in Hand traten sie durch das Portal der Kirche hinaus in das volle Licht der Sonne.

Auf dem Vorplatz drängten sich die Menschen. Er sah glückliche Gesichter, leuchtende, freudige, aber auch harte, grausame, verzehrte. Die Menge stampfte im Takt der wirbelnden Trommelschläge, und über den Köpfen wallte das

Banner der Jungfrau. Sebastian stand da, und sein Blick wanderte über die Männer und Frauen. Er entdeckte Sipit Muyal und Rafael Cun. Der alte Seher gab ein Zeichen. Allmählich verklang das Dröhnen der Trommeln, und die Versammelten beruhigten sich. Dann wurde es still vor der Kirche.

Sebastian trat vor. Man sah, daß er nicht mehr der Töpfer aus dem kleinen Dorfe Chenelho war, sondern der Prophet, der Künder des göttlichen Willens. Er war der Vertreter San Pedros und der Gründer der neuen Kirche Mayabs. Er hatte mehr erreicht als je ein Mensch vor ihm seit dem Erscheinen der Kastilier - er war das Werkzeug der Götter, er war ihr Mund und ihr Verstand, er war der Geist der neuen Zeit.

Jetzt stand er im gleißenden Licht des frühen Mittags, reckte die Arme hoch in den Himmel und wandte sein Gesicht der Sonne zu. Still, ehrfürchtig und gespannt verharrte die Menge. Von den klagenden, zerbrechlichen Melodien der Rohrpfeifen und dem scheppernden Rasseln knöcherner Kalebassen begleitet, begann Sebastian zu singen. Und er sang mit seiner hellen, klaren Stimme das alte Lied vom Tod und der Wiederkehr:

»Am Morgen, wenn Deine Gestalt erscheint,
Am Mittag, wenn sie die Welt bedeckt,
Am Abend, wenn Du vergehst in dunkler Nacht,
Dein Gesicht sich rötet, verblaßt,
Verzehrt mich doch niemals die Trauer,
Heiliger Akau Kin.
Denn ich weiß, ebenso, immer wiederkehrend,
Nie endend, möge wohl sein Dein Fleisch.
Vergib mir mein Wort,
Verzeih mein Knien, mein Beten,
Aber genauso will ich sein, Heiliger Akau Kin.
Denn, Dein Mutterkind bin ich

Und Dein Vaterkind wohl auch,
Mein Helfer Gott Akau Kin.
Ja, so sei es für mich,
Aber genauso sei es für alle zusammen.
Ja, so sei es für alle zusammen,
Denn das allein ist ja das gesamte Anliegen
Meines Kniens,
Meines Betens.«

Nach dem Gebet fiel Sebastian auf die Knie, die Arme noch immer erhoben und das Gesicht der Sonne zugewandt. Die Menschen wollten es ihm gleichtun, aber sie standen zu dicht beieinander, um niederknien zu können. So hoben sie nur die Arme, und die Krieger reckten die Macheten und die Speere in den Himmel. Ungestüm und dröhnend setzten aufs neue die Trommeln ein.

Da sprang Sebastian auf, ergriff die flatternde Standarte und drängte sich zusammen mit Nene durch die Menge. Hinter ihnen formierten sich die Menschen zu einem Zug, und feierlich singend stiegen alle ins Dorf hinab und zogen dann weiter aus dem Tal hinaus.

So brachen sie in den Krieg auf, die Kampfverbände der »Soldaten der Jungfrau«, die Jaguarkrieger, die bunten Heerscharen der Völker, begleitet von Frauen und Kindern. Speerspitzen blitzten in der Sonne, vielfarbige Bänder und Wimpel flatterten im Wind, und über allem bauschte sich das Banner der Göttin. Legua um Legua bahnte sich der Zug seinen Weg durch enge Talböden und karstige Schluchten, über bewaldete Höhen hinauf ins Hochtal von Jovel, um sich dort mit dem Feind zu messen. Es war der gewaltigste indianische Kriegszug seit der Ankunft der Spanier.

Am späten Nachmittag, die Sonne stand schon weit im Westen, trafen die »Soldaten der Jungfrau« auf das guatemaltekische Heer unter der Führung Manuel de la Vegas.

Pedro Canek und seine Jaguarkrieger hatten einen Hügel erklommen und spähten vorsichtig durchs Gebüsch. Vor ihnen dehnte sich die weite Ebene von Comitàn, und direkt unter ihnen, am Fuße eines Steilhangs, lag das Dorf Huixtan. Der ehemals blühende Marktflecken an der alten Salzstraße von Tonala nach Palenque bot einen trostlosen Anblick. Zertrümmert waren die Adobehäuser, abgebrannt die Holzhütten. Nichts regte sich mehr.

In der Ferne sah man in der wogenden Grasebene die Vorposten des guatemaltekischen Heeres.

Schweigend beobachteten die Dzotzilkrieger die Umgebung. Die Spanier hatten sich geschickt postiert. Es wäre für die »Soldaten der Jungfrau« gefährlich, wenn sie eine Schlacht in der Ebene führen müßten. Im offenen Feld könnten sie nichts gegen die Reiterei und die Flinten der Kastilier ausrichten. Pedro Canek schickte nach Jesus Salva, dem Anführer der Zendalen, und nach Beye Tza, dem Chamula.

Als die beiden kamen, ging Pedro Canek mit ihnen zum Abhang und erklärte ihnen die Lage. Anerkennend pfiffen sie durch die Zähne. Ja, das mußte man den Kastiliern lassen, sie waren geschickte Strategen.

»Wie viele, glaubst du, sind es?« fragte Jesus Salva.

»Wer kann das genau sagen? Es mögen dreihundert sein, vielleicht auch fünfhundert«, antwortete Pedro Canek leise.

»Das ist nicht viel. Wir haben fünfmal mehr Krieger.« Beye Tza hob trotzig den Kopf.

»Ja, nur vergiß nicht, daß die Kastilier ausgebildete Soldaten sind!« wandte Pedro Canek ein. »In der Ebene können wir sie nicht besiegen. Wenn wir von hier angreifen, werden sie ihre Reiterei auf uns hetzen, und während wir aus den Hängen klettern, erledigen sie uns mit ihren Flinten.«

»Was sollen wir also tun? Was sollen wir den Männern sagen?« Fragend sahen Jesus Salva und Beye Tza die Schwarze Schlange an.

Nach einigem Hin und Her kamen sie zu dem Schluß, die Kastilier von zwei Seiten anzugreifen, um sie nach Huixtan abzudrängen. Noch in dieser Nacht sollte Jesus Salva mit seinen Zendalen auf der alten Salzstraße in Richtung Ocosingo marschieren und dann am Morgen die Spanier von Osten her angreifen. Die Pfeilschützen der Chamula würden sich in den Ruinen von Huixtan verschanzen, und auf den Hängen am Westrand der Ebene wäre Pedro Canek mit der Hauptmacht der »Soldaten der Jungfrau«. Sobald Jesus Salva angreifen würde, sollten Pedro Caneks Truppen den Kastiliern in den Rücken fallen.

Als es dunkelte, brachen, wie besprochen, die Zendalen auf, und Pedro Canek zog sich mit der Hauptmacht in die westlichen Hügel zurück. Sebastian Gòmez ging mit ihnen, doch er schritt nicht mehr an der Spitze, sondern trieb im Strom der unzähligen Körper, die sich lautlos in der Dunkelheit der bewaldeten Hänge vorwärts bewegten. Sebastian trug die Fahne der Göttin zusammengerollt über der Schulter, und mit der linken Hand hielt er Nene an seiner Seite.

»Was geschieht denn jetzt, Sebastian?« fragte das Mädchen leise.

»Die Götter wissen es, Nene«, antwortete Sebastian geheimnisvoll.

»Die Götter wohl, aber wissen es auch die Menschen?«

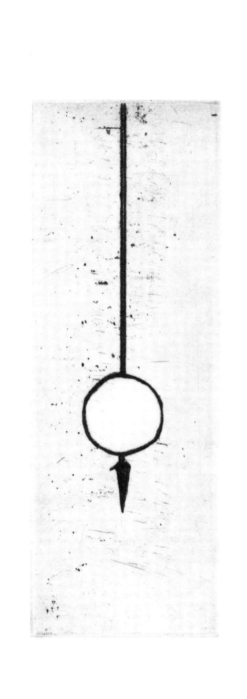

»Was wissen wir schon? Wir wissen, daß die Nacht dem Tag folgt«, belehrte er sie, »aber es ist nicht nur unser Wissen, sondern vielmehr unser Glaube, der jeden Morgen Akau Kin hilft, die Nacht zu besiegen.«

»Die Götter sind also hilflos ohne den Glauben?« fragte Nene.

»Niemand weiß, wie die Götter sind. Selten sind die Augenblicke, in denen sie sich uns offenbaren. Und niemals sind wir sicher, ob wir sie auch richtig verstehen. Haben sie uns damals verlassen, weil wir schwach waren? Oder waren wir schwach, weil wir nicht mehr geglaubt haben?« erwiderte er gedankenverloren.

»Aber nun sind die Götter zurückgekehrt!« sagte Nene lachend.

»Ja, und mit ihnen unser Glaube und unsere Stärke.« Sebastian drückte sanft ihre Hand. »Doch wir sollten jetzt nicht mehr sprechen, Nene. Die Kastilier können uns bald hören.«

In der Tat war man schon nahe an die Lager der Spanier vorgerückt. Deutlich sah man im Schein der Feuer die Wachmannschaften, die Pferde und die Zeltunterstände.

In einer kleinen Senke trafen sich Pedro Canek und die Führer der Kampfverbände zum Kriegsrat. Lautlos traten von Zeit zu Zeit Caneks Botengänger und Späher in den Kreis. Bald ergab sich ein genaues Bild der Lage. Die Kastilier, an die tausend Mann stark, standen weit gestaffelt in der Ebene und führten schweres Geschütz mit sich. Unbehagen machte sich unter den Männern breit, denn mit einem so gut gerüsteten Feind hatten die »Soldaten der Jungfrau« nicht gerechnet.

Doch Pedro Canek ließ sich nicht entmutigen. Umsichtig und bestimmt erteilte er die Befehle und überwachte die Vorbereitungen für die bevorstehende Schlacht. Mit seiner

Zuversicht stärkte er auch die der angespannten Führer. Alles geschah so, wie man es beschlossen hatte.

Aber dann, in der letzten Stunde der Nacht, kam schlechte Nachricht aus dem Tal von Jovel. Zu Tode erschöpft, trafen drei Späher der Chamula ein. Stoßweise und wild keuchend, berichteten sie vom Verrat der Zinacanteca. Fassungslos hörten Pedro und die Führer den Bericht. Danach hatten sich die Zinacanteca feige in ihre Häuser verkrochen und den Kastiliern Salzstraße und Paß überlassen. Juanito Molìn und seine tapferen Mames waren der Übermacht nicht gewichen. Allein gelassen von den Zinacanteca, hatten sie sich todesmutig gegen den Angriff des riesigen spanischen Heeres gewehrt. Doch jetzt lagen sie erschlagen im Tal von Jovel, und die Kastilier feierten übermütig die Befreiung ihrer Stadt Ciudad Real.

Ungläubig schüttelte Pedro Canek den Kopf. »Warum? Warum nur?« stammelte er immer wieder. »Ich war doch selbst in Zinacantan. Bei der Jungfrau haben sie versprochen zu kämpfen! Warum jetzt dieser Verrat?«

»Wir wissen es nicht, Pedro Canek«, beteuerten die Boten. »Aber die Zinacanteca haben nicht gekämpft, und jetzt ist das Tal von Jovel in der Hand der Kastilier. Die Nacht war erhellt von ihren Siegesfeuern. Sie feierten noch, als wir uns auf den Weg machten.«

Ohnmächtiger Zorn erfaßte Pedro Canek. Für Augenblicke verwirrten sich seine Gedanken. In trübem Licht sah er Maychel, die Göttin. Ihr feuriger Regenbogen verblaßte, und die heiligen Federn schwammen verklebt im Blut. Zitternd vor Wut und Enttäuschung, schlug er die Hände vors Gesicht und stöhnte klagend auf.

Da trat Sebastian Gòmez zu ihm, faßte ihn am Arm und sprach leise auf den Erschütterten ein: »Pedro, komm zu dir! Nichts ist verloren! Bisher war der Aufstand von den

Göttern gesegnet, und der gerechte Kampf ist es auch weiterhin. Es darf nicht sein, daß dein Arm erlahmt in der entscheidenden Stunde!«

Pedro Canek aber schien ihn nicht zu hören. Da entrollte Sebastian liebevoll das Banner der »Soldaten der Jungfrau«, nahm den Zitternden bei der Hand und führte ihn vor die Fahne. »Gegen Verrat sind selbst die Götter machtlos, Pedro«, versuchte er ihn aufzurichten, »aber es hat sich durch den Verrat der Zinacanteca nichts geändert. Ein starkes neues Mayab wird kommen. Schau her, das Banner der Jungfrau wird uns führen. Die Göttin hat uns nicht verlassen!«

Er nahm Pedro Caneks Hand, führte sie langsam über die Fahne, ließ ihn das Gesicht und den Leib der Göttin, die heiligen Federn und den Rosenkranz streicheln.

Um sie herum standen mit hängenden Schultern die Führer der Kampfverbände. Voll Unbehagen verfolgten sie die Bewegungen der beiden. Sie befürchteten das Schlimmste. Niemand hatte jemals die Göttin so berührt. Niemals durfte man die Göttin so berühren. Auch ihr Abbild nicht. Niemals!

Aber immer wieder glitt Pedros Hand streichelnd und liebkosend über die Fahne, und plötzlich stieg ein Leuchten aus dem Tuch auf, fein wie silbriger Nebel.

Überrascht schrien die Männer auf. Verwundert und ungläubig starrten sie auf das leuchtende Banner und auf Pedro Canek.

Dieser kniete schwer atmend und verwirrt vor der Fahne. Sein Blick hing gebannt am leuchtenden Antlitz der Göttin, und in seine Augen kehrten das Glitzern der Hoffnung und der helle Schimmer der Zuversicht zurück.

Nachdem der silberne Schein wieder verblaßt war, erhob er sich und sagte mit rauher Stimme: »Ich weiß jetzt, daß es kein Zurück gibt. Was auch geschieht, die Göttin wird mit uns sein, nicht wahr, Sebastian?«

»Sie ist mit uns, im guten wie im bösen«, versicherte der Prophet.

Da wandte sich Pedro an die Führer. »Brüder«, ermunterte er sie, »wir ändern unseren Plan nicht. Die Kastilier brauchen mindestens drei Tage von Ciudad Real hierher nach Huixtan. Nützen wir die Zeit!«

Wie neu belebt warf er sich das Jaguarfell über die Schultern, nahm seine Waffen, gab den anderen ein Zeichen, ihm zu folgen, und verließ mit ihnen die Senke im Wald. Sebastian, der zurückgeblieben war, ergriff mit einem wissenden Lächeln die Standarte und erklomm behende den Rand der Senke. Oben wartete Nene auf ihn, und gemeinsam huschten sie den Abhang hinunter.

Der neue Tag schimmerte jetzt bereits durch die Wipfel der Bäume. In den westlichen Hügeln standen die »Soldaten der Jungfrau«. Dorthin eilten Pedro Canek und die Führer und auch Sebastian und Nene. Kampfverbände aus den Dörfern Pantelho, Simojovel und San Juan de Chamula hatten sich da verschanzt. Von hier hatte man gute Sicht auf die Ebene. Gespannt erwartete man den Angriff der Zendalen unter der Führung Jesus Salvas.

Plötzlich entstand Bewegung bei den Kastiliern. Man hörte ihre aufgeregten Schreie, berittene Kohorten preschten nach Osten davon, Kanonen wurden in Stellung gebracht. Jesus Salva hatte angegriffen. Behutsam und leise kamen die »Soldaten der Jungfrau« aus den Hügeln, arbeiteten sich im Schutz des hohen Steppengrases in den Rücken der Spanier, erhoben sich wie ein Mann und warfen sich in wildem Eifer gegen den Feind. Schrill gellten die Kriegsschreie der Dzotzil, Chamula und Zendalen und mischten sich mit dem rauhen Kampfgebrüll der Spanier.

Inmitten der Kämpfenden hielt Sebastian Gòmez die Fahne der Göttin hoch in die Luft. Und der Anblick des flatternden Banners gab den Rebellen Mut und Kraft. Sie trieben die überraschten Spanier über die Ebene hin nach Huixtan, wo die Pfeilschützen von Beye Tza lauerten. Schulter an Schulter wichen die spanischen Soldaten zurück. Sie wollten in den Ruinen von Huixtan Schutz suchen, aber zu spät erkannten sie die Falle. Ein brodelndes, vielstimmiges Sirren und Zischen erfüllte die Luft, und die Bogenschützen mähten die Zurückweichenden auf breiter Front nieder.

Trotz schwerer Verluste blieb das disziplinierte spanische Heer jedoch geschlossen. Immer wieder stürmte die spanische Reiterei, angetrieben von dem wütenden Melchor Rodriguez Mazariegos, gegen die drängenden »Soldaten der Jungfrau« an, schaffte den Infanteristen Luft und damit die Möglichkeit, sich zu einem Verteidigungskreis zu schließen. Erfolglos kämpften die indianischen Rebellen jetzt gegen diesen Ring aus Arkebusen, Bajonetten und Feldgeschützen an.

So verging der erste Tag der Schlacht.

Die Heerführer der Völker trafen sich in den Ruinen von Huixtan. Abgekämpft, erschöpft, aber zuversichtlich saßen sie im Kreis. Die Verluste der »Soldaten der Jungfrau« waren nur gering, wohingegen viele Spanier ihr Leben verloren hatten.

»Wir dürfen sie in dieser Nacht nicht zur Ruhe kommen lassen!« beschwor Pedro Canek die Männer. »Sie dürfen nicht aus der Umzingelung entwischen!«

Ständig wollte man von allen Seiten Kampfgruppen gegen den Verteidigungskreis des Feindes schicken. Die Kastilier sollten mürbe gemacht werden. Die Nacht verrann mit pausenlosen Attacken. Trotzdem bot sich am Morgen ein unverändertes Bild. Das Heer der Spanier stand geschlossen im Kreis. Die Arkebusiere feuerten im geübten Wechsel, und zahllose anstürmende Rebellen blieben auf dem Schlachtfeld. Es fielen Jesus Salva, der Kazike von Ocosingo, und mit ihm der Stoßtrupp seiner Zendalen. Sie hatten den Verteidigungskreis der Kastilier gestürmt, aber es gelang ihnen nicht mehr, sich wieder zu befreien.

Inmitten des wogenden Kampfes wehte noch immer die Fahne der Jungfrau und trieb allein durch ihren Anblick die Rebellen gegen den Feind. Und es verstrichen der zweite Tag und die zweite Nacht.

Je länger die Schlacht andauerte, um so geringer wurde die Aussicht auf einen Sieg. Je mehr Zeit verstrich, um so näher kam das zweite kastilische Heer. Und das wußten die »Soldaten der Jungfrau«, denn Pedro Canek hatte es ihnen gesagt. Mehr und mehr bemächtigte sich der Rebellen eine blinde Raserei. Getragen vom hämmernden Schlag der Kriegstrommeln, warf man sich nach vorn, rannte wütend in die wohlgeordnete Front der Kastilier hinein - und fiel im Feuer der Hakenbüchsen, der Flinten und der Feldgeschütze. Donnernd schlugen die Kanonenkugeln der kastilischen Artillerie in die Ruinen und Hänge von Huixtan. Auf dem Schlachtfeld zuckten die Leiber der Getroffenen und Sterbenden. Die Luft war von den Klagen, den Schreien, dem Brüllen der Verwundeten erfüllt.

Am Nachmittag des dritten Tages starb Pedro Canek und mit ihm die Mehrzahl der Jaguarkämpfer. Mit ihren Macheten und Speeren hatten sie eine Gasse in den Kreis der Spanier geschlagen, trieben verbissen immer weiter, krallten sich in den Feind, hieben in die Fesseln der Pferde und bohrten ihre Lanzen in die Bäuche der Reiter. Schon wollten die Kastilier in panischer Verwirrung zurückweichen, da erschien Melchor Rodriguez Mazariegos. Und er sah die Krieger im Fell des Jaguars, sah, wie in jenem furchtbaren

Traum während seiner Flucht aus Kak Balam, den von Bestien zerfleischten Don Severo Medellin. Sah die Pranken, die furchtbaren Reißzähne, die seinen Gefährten zerfetzten - und schrie voll Haß auf. Er brüllte mit sich überschlagender Stimme die zurückweichenden Soldaten zur Attacke und stürzte mit gezücktem Säbel in die anstürmenden Jaguarkrieger. Von Rodriguez Mazariegos angetrieben, rückten jetzt auch die Kastilier wieder vor, kamen von allen Seiten, begruben Pedro Canek und mit ihm die Jaguarkrieger unter sich und metzelten sie grausam.

In der folgenden Nacht stieß der umherirrende Sebastian in der kleinen Senke im Wald auf die vom Kampf zermürbten, erschöpften Führer des Rebellenheeres. Die Nachricht vom Tod Pedro Caneks, der Schwarzen Schlange, war bereits bis zu ihnen gelangt. Trauernd saßen sie im Kreis und hielten Kriegsrat.

»Wir müssen den Kampf abbrechen«, sagte Beye Tza mit rauher Stimme. »Wir können hier nichts mehr tun.«

Ein anderer erwiderte: »Wenn wir uns jetzt zurückziehen, werden uns die Kastilier verfolgen und den Krieg in unsere Dörfer tragen. Willst du das?«

Beye Tza schüttelte den Kopf. »Wir können nur hoffen, daß sie es nicht tun. Hier in Huixtan aber werden wir alle sterben!«

»Du wirst die Krieger nicht zur Aufgabe bewegen können«, sagte Sebastian. »Sie kämpfen nicht mehr um den Sieg. Sie kämpfen für die Jungfrau vom Rosenkranz, für ein neues Mayab, für ihre Ehre.«

Beye Tza sah ihn verständnislos an. »Was redest du da? Es kann doch nicht der Wille der Götter sein, die Völker in Blut ertrinken zu lassen. Wir müssen die Schlacht abbrechen, bevor das zweite kastilische Heer hier ist. Denn das wäre unser sicherer Tod!«

Sie wußten alle, daß Beye Tza recht hatte, daß der Kampf aussichtslos geworden war. Dennoch stritten sie, verzweifelt, zerfahren, erschöpft.

Sebastian beschwor die Männer, am Glauben an die Götter festzuhalten. Das Ziel war gegeben. Mochte auch der Weg dorthin lang, schwierig, dornenreich sein. Beye Tza bestand jedoch hartnäckig, ja wütend auf dem Abbruch der Schlacht und verhöhnte in seiner schmerzvollen Trauer die Prophezeiung und den Propheten.

Für einen Entschluß aber blieb den Streitenden keine Zeit mehr. Durch den Wald hallte plötzlich der Schlachtruf der Kastilier. Mit lautem Gebrüll brachen die spanischen Soldaten aus allen Winkeln hervor und umstellten die kleine Senke. So überrumpelt, sahen die Männer keinen Ausweg mehr und ergaben sich ohne Gegenwehr dem Feind.

Die Spanier begriffen schnell, daß ihnen hier der Kriegsrat des Rebellenheeres in die Hände gefallen war. Und so erschlug man die Männer nicht, sondern legte sie in Fesseln, schleifte sie hinauf zu den Steilhängen hoch über Huixtan und führte sie vor Lope de Marín, den General aus Tabasco.

Dieser betrachtete sie spöttisch und befahl, sie aneinanderzuketten und gut zu bewachen. So verbrachten sie die Nacht.

Während ihnen die Ketten ins Fleisch schnitten und Arme und Beine abstarben, hörten sie, ohnmächtig lauschend, den Kampflärm auf den Feldern vor Huixtan. Grausam gellten die Todesschreie der Ihren, heiser brüllten die Spanier ihren Triumph in die Nacht. Lope de Marín war mit dem tabascischen Heer in schnellem Marsch von Ciudad Real nach Huixtan herabgeeilt. Die Befreiung der Stadt war ein allzu leichter Sieg gewesen. Seine Männer dürsteten mehr den je nach Kampf, Eroberung, Schlächterei. Ja, jetzt zahlte man's dem »Vieh« heim. Rächte sich für die angetane Schmach. Jetzt erfocht man in Christo den heiligen Sieg.

»Santiago!« brüllten die Soldaten. »Santiago!« donnerten die Flinten und Geschütze. »Santiago!« hallte es über die Ebene, hundertfach, tausendfach. Voller Grausen hörten es die Gefangenen, die Flüchtenden, die Sterbenden.

Ein letztes Mal bäumten sich die »Soldaten der Jungfrau« auf, warfen sich mit dem Mut der Verzweiflung gegen die Spanier - und wurden zwischen den Heeren Manuel de la Vegas und Lope de Maríns zerrieben.

Am Morgen des vierten Tages der Schlacht von Huixtan existierte das Heer der »Soldaten der Jungfrau« nicht mehr. Tot oder sterbend lagen die Kämpfer zuhauf im Gras. Blutgetränkt dehnte sich die weite Ebene. Der Himmel über Huixtan verfinsterte sich. Zu Tausenden fielen die häßlichen Boten des Todes, die Aasgeier, ein und hielten üppigen Leichenschmaus. Erfüllt war die Luft von ihrem heiseren Geschrei, vom brausenden Schlag ihrer Flügel, vom schmatzenden Geräusch ihrer zupackenden Schnäbel.

Boten eilten von Huixtan nach Santiago de los Caballeros, nach Yucatan und nach Tabasco am Golf von Mexiko. Überall verbreiteten sie die Nachricht vom grandiosen Sieg der spanischen Heere. Die Daheimgebliebenen jubelten, hielten Messen ab und priesen den Herrn und alle Heiligen. Weithin hallten die Kirchenglocken durch die Städte und trugen den Triumph hinaus ins Land. In ihren Häusern und Palästen aber lauerten schon Hacendados, Pflanzer, Händler, ja auch Pfaffen und Beamte, äugten gierig nach den neuen Ländereien, die nach solchem Sieg ganz sicher zur Verteilung standen. Und ein jeder hoffte, daß der größte Brocken ihm zufallen werde.

Manuel de la Vega und Lope de Marín indes zogen an der Spitze ihrer vereinigten Heere im Triumph durch die Berge hinauf nach Ciudad Real. Mit sich führten sie Beye Tza, Sebastian Gòmez und die Standarte der Jungfrau vom Rosenkranz. Sebastians Hände waren an die Fahnenstange gekettet, die auf seinen Schultern lag. Das Fahnentuch hatte man ihm über den Körper geworfen. Mit hämischem Grinsen war einer seiner Bewacher gekommen, hatte aus der Fahne das Gesicht der Göttin herausgeschnitten und Sebastians Kopf durch das Loch gesteckt. Wie einen riesigen Umhang schleifte er jetzt das Banner mit sich. Über seine Brust fiel der Körper der Göttin, doch statt Maychels Antlitz ragte nun Sebastians Kopf aus dem Tuch, hohlwangig, blaß und tränenüberströmt.

Neben ihm taumelte Beye Tza vorwärts, gefesselt auch er und heftig stöhnend bei jedem Peitschenschlag. So marschierten sie vier qualvolle Tage durch die Täler und Berge ihrer Heimat. Dann, als sie bei den Cuevas de los Muertos den Paß überschritten, der ins Tal von Jovel hinabführte, sahen sie unter sich in der Ebene die verbrannten Weizenfelder, die Stadt Ciudad Real, den Rio Amarillo und im Norden Moxviquil, die alte Tempelstätte ihrer Vorfahren. Im Westen hinter dem Tzontehuitz ging die Sonne unter, und an ihrem Stand erkannte Sebastian trotz seiner Erschöpfung, daß es das Ende des Monats der Ernte und der Aussaat war. Müde schloß er die Augen und humpelte unbeholfen vorwärts, behindert durch das Tuch.

Da hörte er eine Stimme in seinem Innern. Klar und ruhig sagte sie: »Du bist am Ende deines Weges, Sebastian. Du bist am Ziel!«

Sebastian hob erstaunt den Kopf und lauschte. Die Stimme aber schwieg schon wieder.

»Was ist dieses Ziel?« fragte er darum leise und unsicher. »Ich sehe es nicht.«

Da kam wie aus weiter Ferne die Antwort: »Es ist der Weg, Sebastian. Der Weg ist das Ziel. Immer und alle Zeit. Wo er für dich endet, beginnt er für andere.«

»Es gibt kein Ziel?« fragte Sebastian verwundert. »Was aber geschieht dann mit jenen, die nach uns kommen, nach Pedro Canek, Beye Tza, den ›Soldaten der Jungfrau‹? Woher kennen sie den Weg, wenn es kein Ziel gibt?«

»Ihr habt gezeigt, wie man den Weg beschreitet. Sie werden von euch lernen. Sie werden nichts vergessen«, antwortete ruhig die Stimme. »Euer Kampf für ein neues Mayab, für eine Kirche der Menschen, wird weithin leuchten, über euer Leben und das eurer Nachfahren hinaus, durch die Jahrhunderte. Und es werden Menschen kommen und die Prophezeiung verstehen, wie ihr sie verstanden habt. Sie werden nach dem Willen der Götter handeln, denn der Wille der Götter ist der Weg, den die Menschen beschreiten seit dem Anbeginn der Zeit.«

Da öffnete Sebastian die Augen. Neben ihm ging San Pedro, der heilige Sankt Petrus, San Pedro Apoxtal, und blickte ihn freundlich und aufmunternd an. Sebastian erwiderte den Blick, und in seine Augen trat für einen Moment jenes strahlende Leuchten aus den frühen Tagen seiner Wanderschaft. Ihm wurde ganz warm ums Herz, und er atmete tief die klare, reine Bergluft ein. Dann schrie er aus Leibeskräften: »Beye Tza, Beye Tza! Die Balun Canaan werden recht behalten. Maychel, Akau Kin und Pedro Apoxtal haben uns nicht verlassen. Mayab wird nicht sterben. Ich weiß es, denn ich habe es gesehen!«

Beye Tza drehte sich verwundert zu ihm hin und schaute ihn verständnislos an. Er sah den so grotesk Gefesselten, sein bleiches, gequältes Gesicht, seine geschwollenen Arme, doch er sah auch jenes flirrende Leuchten in Sebastians Augen. Und er verstand!

Ein Peitschenhieb traf Beye Tza und ließ ihn taumeln. Diesmal aber stöhnte er nicht. Statt dessen hob er die gefesselten Arme hoch über den Kopf und schrie zurück: »Ja! Mayab wird nicht sterben!«

Man trieb sie mit Schlägen weiter, aber immer wieder schrien sie: »Mayab wird nicht sterben!«

Und so machten sie sich gegenseitig Mut für ihren Weg in den Tod.

Man führte die Gefangenen durch das südliche Tor nach Ciudad Real hinein. Soldaten, Händler und Städter säumten die Straßen. Ausgelassen feierte man die Sieger und verhöhnte die Gefesselten. Hämisch lachte man über Sebastians Verrenkungen und spuckte ihm hemmungslos ins Gesicht. Die Soldaten brachten Beye Tza und Sebastian Gòmez zur Casa Consistorial, dem Rathaus, und warfen sie in ein finsteres Loch. Zwei Tage blieben sie eingesperrt. Am Morgen des dritten Tages schleiften die spanischen Söldner

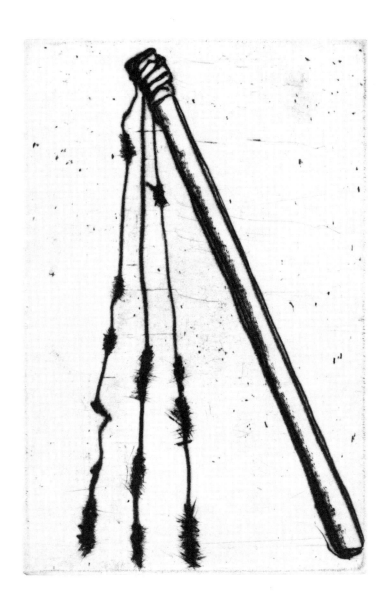

sie in den Innenhof des Rathauses. Dort ketteten sie Sebastian erneut an die Fahnenstange und zerrten ihm das Tuch über den Kopf. Beye Tza banden sie die Hände auf den Rücken. Dann wurden sie auf die Plaza Mayor hinausgeführt.

Die Spanier hatten in den vergangenen beiden Tagen viele Menschen aus den Bergen zusammengetrieben, damit sie der Hinrichtung beiwohnten. Bewacht von den Soldaten, standen da dicht gedrängt mit gesenkten Köpfen Chamula, Dzotzil und Zinacanteca.

Ja, auch die Zinacanteca hatte man hergebracht. Kein Bitten und Flehen hatte ihnen etwas genützt. Zerknirscht standen sie jetzt neben den anderen Völkern auf dem Platz und spürten, wie ihnen Haß und Verachtung aus vielen Blicken entgegenschlugen.

Neben der Kathedrale war eine kleine Tribüne errichtet. Dort hatten Manuel de la Vega und Lope de Marín Platz genommen, sonnten sich im Ruhm ihres Sieges und genossen die Bewunderung durch die Damen der Stadt. Auf der Tribüne saßen Señor de Esquipulas mit seiner Familie, Don Victor Beltrano und neben ihm Juan Letrado y Bayo. Und auch die Vertreter der Kirche fehlten nicht. Würdig in ihren schwarzen Kutten saßen sie da, und in ihrer Mitte thronte Antonio Mendez, stellvertretend für den toten Alvarez de Toledo. Alle starrten auf die beiden Delinquenten. Sebastian und Beye Tza blinzelten in das helle Licht des Tages, sahen den Galgen und, diesem gegenüber, ein seltsames viereckiges Gerüst. Ihr Blick glitt über den Platz, über die schweigende Menge der Indios und hinauf zu den im Dunst liegenden Bergen. Sebastian stöhnte leise, und Beye Tza weinte stumme Tränen. So standen sie da, Prophet und Krieger.

Als aber zwei Soldaten Beye Tza packten und zum Galgen schoben, nahm dieser noch einmal all seine Kraft zusammen und schrie, daß es weit über den Platz hallte: »Mayab wird nicht sterben! Das ist der Wille der Götter!«

Verloren verklang sein Schrei in der stummen Menge. Man zerrte ihn unter den Galgen, die Henker warfen ihm die Schlinge um den Hals und zogen ihn hoch. Die Schlinge aber war so geknüpft, daß sie ihm den Hals nicht brach, sondern ihn langsam, qualvoll erstickte. Sein Körper schnellte im Todeskampf hin und her, die Augen traten aus den Höhlen, und die Zunge quoll ihm aus dem Mund. Endlose Minuten zuckte er am Seil, bis er schließlich schlaff und ruhig am Galgen hing.

Totenstille lag über der Plaza Mayor. Auf der Tribüne klatschte man verhalten. Lope de Marín gähnte gelangweilt, Manuel de la Vega unterhielt sich amüsiert mit einer der Damen. Nur Antonio Mendez saß vornübergebeugt und starrte fanatisch auf den Toten am Seil.

Mit geschlossenen Augen stand Sebastian Gòmez wie gelähmt da. Er sah nicht, wie Beye Tza starb. Aber jetzt hörte er die harte, schnarrende Stimme Antonio Mendez'. Der Padre war aufgestanden und hielt, seinen Blick auf die schweigenden Indios gerichtet, eine Rede.

»Heute sterben hier zwei Männer, die Unglück über Ciudad Real, über das Bistum Chiapas, ja über ganz Neuspanien gebracht haben. Dieser Mann, Sebastian Gòmez, hat sich angemaßt, Kirchen zu errichten und Priester zu weihen. Es waren nicht Kirchen und Priester Gottes, sondern des Satans. Das oberste Gebot Gottes aber lautet: Du sollst neben mir keine anderen Götter haben. Die heilige Kirche hat die Pflicht, für die Einhaltung der Gebote Gottes zu sorgen. Dieser Mann hat euch betrogen, verhetzt und irregeführt. Es gibt nur den einen dreifaltigen Gott und die barmherzige Jungfrau Maria. Das hat dieser Mann geleugnet, und ihr habt ihm geglaubt. Ihr habt seine Götzen angebetet und

Gott vergessen. Nun hat Gott euch bestraft. Gott wird auch diesen Mann bestrafen, härter und unbarmherziger, als wir es je könnten. Gott der Herr«, schrie er jetzt dröhnend über den Platz, »verlangt Gehorsam. In seinem Namen, im Namen der Kirche, im Namen Neuspaniens!«

Antonio Mendez stand hoch aufgerichtet da, atmete heftig. Auf der Tribüne wurde Beifall geklatscht. Auf der Plaza dagegen blieb es still. Verstohlen musterte manch einer aus den Dörfern Sebastian. Viele kannten ihn aus der Zeit seiner Wanderschaft. Viele hatten ihm Unterschlupf und Herberge geboten und ihn vor den Schergen Alvarez de Toledos versteckt. Diese so grotesk gefesselte Gestalt, die da jetzt vor ihnen stand, hatte nichts mehr mit dem freundlichen Mann gemein, der damals in ihre Dörfer gekommen war und mit heller, klarer Stimme von Maychel, der Wiederkehr der Götter und der Prophezeiung der Balun Canaan gesungen hatte. Viele in der Menge weinten haltlos und sahen voller Mitleid hinauf zu Sebastian, dem einstigen Propheten.

Unter ihnen war auch Nene Rosales. In der Nacht der Niederlage, als Sebastian und die Führer gefangengenommen wurden, hatte sie sich zusammen mit einigen Frauen aus Cancuc im Wald versteckt. Sie hörten das Gebrüll der siegreichen Spanier, erahnten das hilflose Sterben der »Soldaten der Jungfrau«. Zitternd vor Angst hatten sie sich eng aneinandergedrückt, jede der anderen Trost und Schutz, und so eine schlaflose Nacht verbracht. Am nächsten Morgen war Nene dann aus ihrem Versteck geschlichen und zur Straße von Ocosingo gekrochen. Dort saß sie, verborgen im Gebüsch, und sah erschüttert den gewaltigen Heerzug der Spanier vorbeimarschieren. Unter den Gefangenen erblickte sie Beye Tza, und ein furchtbarer Schreck durchfuhr sie, als sie auch Sebastian erkannte. Es schnitt ihr ins Herz, sehen zu müssen, wie er vorwärts taumelte, gefesselt und entehrt und in das von den Kastiliern geschändete Tuch der Göttin gehüllt. Tagelang war sie heimlich auf verschwiegenen Pfaden dem Heertroß gefolgt, voll Angst und wildem Schmerz. Bei den Cuevas de los Muertos wurde sie von einem Trupp Soldaten aufgegriffen und gemeinsam mit den für die Hinrichtung zusammengetriebenen Menschen aus den Dörfern in die siegestrunkene Stadt geschleppt. Jetzt blickte sie aus dunklen, tränennassen Augen auf Sebastian und flehte inbrünstig zu Maychel, daß sie ein Wunder geschehen lasse und diesen Mann rette. Doch nichts passierte.

Sebastian verharrte noch immer stumm und mit geschlossenen Augen. Er sah weder Nenes Trauer noch die leidvollen Mienen der Menschen auf der Plaza und auch nicht den Haß im Gesicht von Mendez. Ein letztes Mal hielt er mit den Göttern Zwiesprache und wärmte Körper und Seele an der Fahne von Maychel, der Göttin der Liebe.

Da sprach die Göttin mit silberner Stimme zu ihm: »Du bist am Ziel, Sebastian. Der Weg aber führt weiter, denn er hat kein Ende. Doch glaube mir, es kommt der Tag, da wird der Anfang das Ende sein!«

Plötzlich wurde ihm leicht ums Herz, denn auf einmal verstand er den Sinn der Worte. Das Gefühl der Verlorenheit, die quälende Ungewißheit fielen von ihm ab, und mit neuen Augen sah er den feurigen Regenbogen, glühend in den heiligen Farben des Glücks. Und er bemerkte, daß der Regenbogen ohne Anfang und Ende war.

In dem Moment wurde Sebastian jäh aus seinen Visionen gerissen. Zwei Soldaten zerrten ihn zu jenem seltsamen Gerüst aus roh behauenen Balken, hoben ihn hoch und setzten die Enden der Fahnenstange in die Einkerbungen der Querbalken. Da hing Sebastian nun, mit verdrehten Armen, und seine Füße berührten die Erde nicht mehr. Rund um ihn herum schichteten die Soldaten eilig Stroh, Reisig und Holz, und über ihn und den Scheiterhaufen breiteten sie die Standarte der »Soldaten der Jungfrau«. Monströs aufgebläht umspannte die Fahne den Holzhaufen, und Sebastians Kopf ragte oben aus dem Tuch.

Auf ein Zeichen Lope de Maríns hin entzündete man das Stroh. Sofort stand das trockene Reisig lichterloh in Flammen. Schon leckte das Feuer am Fahnentuch, und die Soldaten mußten vor der prasselnden Hitze zurückweichen. Jetzt brannte die Standarte, und die Flammen schlugen heiß in Sebastians Gesicht. Gellend zerriß sein Schrei die Stille auf der Plaza. Seine Haare schmorten in der Hitze, und sein Kopf schlug vor Schmerz wie ein Pendel hin und her. Und das Feuer fraß sich weiter unters Fahnentuch. Schrill und stoßweise brüllte Sebastian und bäumte sich mit letzter Kraft auf. Um sich tretend, brachte er den Scheiterhaufen zum Einsturz und hing dann eine Ewigkeit wie ein Feuerball zwischen den Balken. Schließlich aber brach die Fahnenstange, und Sebastian stürzte vornüber in die aufsprühende Glut.

Die auf der Tribüne Sitzenden starrten gebannt auf den verbrannten Körper. Seltsam verrenkt lag er da, die Arme ausgebreitet gleich dem Gekreuzigten.

Einige Akoluthen hatten sich übergeben und wischten verstohlen und bleichen Gesichts Erbrochenes von den Kutten. Die Menschen auf der Plaza waren ausnahmslos auf die Knie gesunken und sangen für Sebastian das alte rituelle Sterbegebet vom Tod und der Wiederkehr.

Antonio Mendez aber war aufgesprungen: »Zerschlagt ihn! Zerschlagt ihm die Knochen! Er darf nicht so liegenbleiben!« kreischte er, kreidebleich im Gesicht.

Daraufhin entstand unten auf der Plaza Tumult. »Nein!« hallte es vielstimmig hinauf zur Tribüne. Nene riß sich aus der Menge, stürzte schreiend zu den Soldaten hin, die mit Knüppeln und Stangen auf den Leichnam eindroschen, und versuchte, sie zurückzuhalten. Ein harter Schlag streckte sie nieder, doch viele Hände aus der Menge hoben sich schützend über sie und zogen sie auf sicheren Boden.

Von der Plaza in Ciudad Real eilte die Kunde von Sebastian Gòmez' Hinrichtung hinaus ins Land. Fröstelnd vor Entsetzen, hörten die Menschen von seinem furchtbaren Ende.

»Sie haben ihn verbrannt!« gellte es durch die Berge. »Sie haben ihn verbrannt!« hallte es von den Höhen zurück. »Verbrannt, den Propheten der Götter!«

Da verkrochen sich die Menschen in ihre Hütten, horchten erschauernd auf den gellenden Schrei. Und es grub sich in ihr Gedächtnis jener wilde, das Land durchdringende Schrei, dauerte fort in ihren Gedanken und hinderte sie am Vergessen.

Nun überzogen die Spanier das Land mit Strafgerichten, von den Steilhängen der Sierra Madre del Sur im Westen bis in die heißen Wälder von Palenque im Osten. Maßlosen Tribut forderten sie jetzt von den Indianern. So erließen sie ein Verbot für den Anbau von Maniok, Kartoffeln und Tomaten und nahmen jedes Krümchen Erde für Zuckerrohr, Kaffee und Tabak in Beschlag. »Was kümmert's uns«, sagten sie, »daß Maniok, Kartoffeln und Tomaten dem ›Vieh‹ als Nahrung dienten? Geld macht man mit Tabak, Zuckerrohr und Kaffee!«

Und wer sich dieser Restriktion nicht unterwarf, den fing man, schor ihm das Haar und verkaufte ihn in die Sklaverei. Es saugte, zerrte, nagte ein jeder an dem Land. Die Händler, die Hacendados, die Konzessionäre der Krone und Kirche schwammen im Fett. Größer und prächtiger erstanden aufs neue die von den Rebellen zerstörten Fincas und Plantagen, schluckten gierig noch die letzten Flecken Erde und preßten die Dörfer wie reife Früchte aus.

Verzweifelt verließen die Menschen ihre Heimat, irrten ziellos durch die Wälder, ohne Hoffnung, im Herzen den gellenden Schrei. Man fing sie scharenweise, schleppte sie auf die Haciendas, Fincas und Plantagen und ließ sie dort mit harter Arbeit ihren Frevel vergelten, streng bewacht von Pfaffen und Soldaten.

Und man säuberte die Kirchen, schickte noch in die entlegensten Dörfer Priester mit starker Bewachung, damit sie die Bewohner zum wahren Glauben zwangen. Die Kirche in Cancuc jedoch zerstörte man bis auf die Fundamente.

Antonio Mendez lag schlaflos auf seinem Nachtlager. Mit klammen Fingern betete er den Rosenkranz, ließ ein glattpoliertes Holzkügelchen nach dem anderen durch die Finger gleiten. Trotzdem fand er keine Ruhe im Gebet. Immer wieder schweiften seine Gedanken zu der Hinrichtung der beiden Indios. Dies war jetzt bald sechs Monate her. Seither litt er Nacht für Nacht an schaurigen Visionen. Da öffnete sich die Wand seiner Zelle, und herein schwebte Sebastian, verbrannt, in der Haltung des gekreuzigten Herrn. Schwebte stumm, blicklos, glühend in der Dunkelheit, von einer Wand zur anderen und verschwand dann ebenso lautlos wie er gekommen war.

Voller Entsetzen war Antonio Mendez beim erstenmal, da ihn die Erscheinung heimsuchte, zurückgewichen. Dann hatte er dem schwebenden Sebastian zitternd das Kreuz entgegengehalten und laute, unzusammenhängende Gebete gestammelt.

Aber anstatt wieder zu verschwinden, öffnete Sebastian die Augen, und sein Mund verzerrte sich zu einem stummen Schrei. Wie glühende Kohlen brannten die Augen in Sebastians gequältem Gesicht und verfolgten den Padre noch den ganzen nächsten Tag.

Ist es eine Prüfung Gottes, fragte sich Antonio Mendez, oder nur ein böses Spiel des Satans? Aber wie er's auch bedachte und Gott um Klärung anrief, er fand keinen rechten Sinn, und Gott schwieg.

Nacht für Nacht erschien unbarmherzig Sebastian und ließ dem Padre keine Ruhe. Die schrecklichen Visionen verwirrten des herrischen, intelligenten Mannes Geist mehr und mehr.

Er sprach zu keinem Menschen darüber, und des Nachts lag er wartend da und hoffte, daß schneller Schlaf ihn ereile, ehe ihm die Erscheinung die Sinne raubte.

Seit Tagen nun regnete es unaufhörlich. Prasselnd öffneten sich die Himmel. Wolken, schwärzer als die Nacht, zogen übers Firmament. Antonio Mendez lag fröstelnd da und lauschte dem Trommeln des Regens. Nach einer Weile stand er auf, schlurfte ans Fenster und öffnete den Laden. Platschend fiel der Regen auf den Fenstersims und spritzte ihm ins Gesicht. Sturzbäche ergossen sich über die Dächer und Mauern und rauschten in die Tiefe. Mit klammen Fingern zog der Padre den Fensterladen wieder zu. Da gewahrte er im Augenwinkel eine Bewegung. Schon erwartete er wieder den schwebenden, verstümmelten Leib Sebastians. Doch er sah nichts, obwohl er angestrengt in die Dunkelheit des Zimmers spähte. Erregt nestelte er am Rosenkranz und hob dann das kleine geschnitzte Kreuz in die Höhe.

»Gott im Himmel, steh mir bei!« sagte er laut, und noch lauter: »Zeig dich, Satanas!«

Aber nichts rührte sich. Totenstille herrschte im Zimmer.

»Was ist bloß mit mir los?« murmelte Mendez und warf sich wieder auf sein Lager. Er zog die Decke bis unters Kinn und lauschte angestrengt ins Dunkel, wartend, lauernd.

Plötzlich wurde er von jemandem gepackt. Ihm schien, als würden ihn hundert Hände in die Höhe heben. Man zerrte ihm die Kleidung vom Leib und drehte ihn auf den Bauch. Er wollte schreien, aber als er den Mund öffnete, drang ihm ein Schwall Wasser in seine Kehle. Spuckend und keuchend wehrte er sich und rang mit diesen hundert Händen. Doch man preßte ihn aufs Bett, bog ihm die Arme auf den Rücken und spreizte seine Beine. Ihm wurde eiskalt, und er spürte, wie etwas von hinten in seine Därme drang, kälter als Frost, heißer als tausend Feuer. In grenzenloser Angst wand er sich und versuchte erneut zu schreien. Doch wieder und wieder schluckte er Wasser, sog es gurgelnd in seine Lungen, und ihm war, als sänke er auf den Grund eines tiefen, klaren, kalten Sees. Verschwommen sah er den gekreuzigten, verbrannten Sebastian vorbeitreiben, und wie aus weiter Ferne drang ein silberhelles Lachen an sein Ohr. Dann wurde es für immer Nacht im Geiste des Antonio Mendez.

Zur gleichen Zeit brach über Ciudad Real die Katastrophe herein. Die kleine Quelle am Nordrand des Tals von Jovel, von den Chamula das »Auge des Wassers« genannt, schwoll binnen Minuten zum mächtigen Strom. Dort, wo die Hügel bis hinauf zum Tempel von Moxviquil anstiegen, entsprang sonst ein kleines, klares Rinnsal, das friedlich in ein natürliches Felsbecken plätscherte. Jetzt ergossen sich aus dem »Auge des Wassers« unaufhörlich Wassermassen. So gewaltig war die Flut, daß der Rio Amarillo über die Ufer trat und alles mit sich riß. In mannshohen Wellen brach das Wasser donnernd in die Stadt, überflutete die Häuser, und die Menschen ertranken in ihren Betten.

Die Nacht war von den Schreien der Ertrinkenden und vom Blöken und Muhen der in Panik geratenen Schafe und Rinder erfüllt. Die Menschen flüchteten auf die Hausdächer und saßen dort hilflos abwartend.

Gegen Morgen ließ der Regen plötzlich nach, Wind kam auf und vertrieb die schwarzen Wolken. Blaß leuchteten noch die Sterne am blauen Himmel, und hinter den Bergen im Osten ging strahlend die Sonne auf. Vom Glockenturm der Kirche Nuestra Señora de la Caridad, wohin die Padres und Akoluthen des Konvents geflüchtet waren, sah man nichts mehr. Dort, wo gestern noch der junge Weizen gegrünt, Kühe und Schafe an den Ufern des Rio Amarillo geweidet hatten, dehnte sich grau und ruhig ein riesiger See. Auch die Stadt selbst stand mannshoch unter Wasser. Niemand konnte den Menschen auf den Dächern helfen. Winkend und schreiend verständigten sie sich, hielten nach Bekannten und Verwandten Ausschau und hofften für die Vermißten. Einige versuchten, mit improvisierten Flößen zum Cerrito de la Virgen zu gelangen, einer kleinen Anhöhe am Rande der Stadt, die jetzt einer Insel gleich aus den Fluten ragte. Dort saßen, völlig erschöpft, durchnäßt und frierend, die Novizinnen des Klosters Torre del Carmen.

Drei Tage lang war das Tal überschwemmt. Dann begann das Wasser langsam und stetig zu sinken. Die Überlebenden stiegen von den Dächern herab, irrten durch die glitschigen Gassen, stolperten über aufgetriebene Tierkadaver und gruben in den Häusern die Toten aus dem Schlamm.

Im ersten Stock der Priesterunterkünfte fand man in seiner Zelle den toten Fray Antonio Mendez, nackt, mit gespreizten Beinen, bäuchlings auf seinem Bett liegend. Er war, wie der eilig herbeigerufene Arzt feststellte, ertrunken. Doch für den seltsamen Umstand, daß der Padre im trockenen Bett ertrunken war, fand auch dieser keine Erklärung.

Trauergottesdienste wurden für die Opfer der Katastrophe gehalten. Feierlich begrub man den Fray Antonio Mendez, würdigte sein selbstloses Wirken für den rechten Glauben und die wahre Lehre und betete inbrünstig zu Gott, er möge sich der armen Seele erbarmen. Aber in den Zellen der Priester und im Schlafsaal der Akoluthen sprach man noch lange mit Grauen über den seltsamen und unerklärlichen Tod des Fray Antonio Mendez.

Stadt und Tal waren verwüstet, begraben unter zähem schwarzem Schlamm. Die Ernte war verdorben, die Kornspeicher und Magazine waren vernichtet und die Brunnen vergiftet. Aus dem Schlamm aber krochen Myriaden stechender Mücken und brachten den Menschen Wechselfieber und Blindheit - bis dahin unbekannt in diesem reinen, kühlen Klima. Die Spanier des Joveltals erflehten von den Spaniern aus Santiago de los Caballeros Hilfe und baten um den Beistand derer aus San Cristòbal de los Llanos. Hilfe und Beistand kamen, doch noch viele Jahre lag die herrische, schöne Stadt Ciudad Real darnieder.

Die Dörfer und Städte der Völker in den Bergen rund um Ciudad Real waren von der furchtbaren Flut verschont geblieben. Aber den Menschen dort war das große Sterben der verhaßten Stadt und ihrer Bewohner nicht entgangen. Sie wähnten, daß die Flut Rache der Götter sei, daß sie mit Wasser den Feuertod des Propheten gesühnt hatten. Sie erinnerten sich an den gellenden Schrei, atmeten auf, schöpften Hoffnung und trugen ihr Schicksal jetzt eher trotziger als verzweifelt.

In Chenelho baute man hoch über dem Dorf auf einem Plateau in den westlichen Hängen eine kleine Kapelle, der zerstörten Kirche von Cancuc sehr ähnlich. Die Frauen von Chenelho fertigten im verborgenen ein großes weißes Baumwolltuch, malten kunstvoll die Gestalt der Göttin Maychel darauf und woben den feurigen Regenbogen in den Farben des Quetzals, des Feuераras und des Kakadus hinein. Die Göttin prangte im Schimmer des Regenbogens. Wie Kupfer glänzten ihre schweren Brüste, blutrot wallte das Lendentuch, um ihren Hals hing der Rosenkranz aus Obsidian. Doch dort, wo das Gesicht hätte sein sollen, schnitten die Frauen ein Loch in das Tuch.

Dies alles vollbrachten sie unter der Anleitung von Nene Rosales. Als nämlich die Bewohner Chenelhos Ciudad Real gleich nach Sebastians Hinrichtung verließen, hatte sich die junge Frau wortlos dem trauernden Zug angeschlossen. In sich gekehrt, war sie mit den Dörflern die Berge hinaufgewandert. Gegen Abend kamen sie nach hartem Marsch in ihr Heimattal. Die Menschen liefen erleichtert zu dem kleinen klaren Fluß, wuschen sich den Staub des Weges ab und erfrischten sich. Nene aber eilte festen Schrittes ins Dorf.

Niemals vorher war sie in Chenelho gewesen, fand aber zielstrebig Sebastians verlassene Behausung. Entrückten Blickes trat sie in die kleine Hütte, kauerte sich an der Feuerstelle neben den Mahlstein für den Mais nieder und versank in Starrheit. Die Frauen des Dorfes kamen neugierig herbei und blickten verwundert in die Hütte. Es war ihnen unbehaglich zumute, denn sie wußten keinen Rat. Endlich faßte eine der älteren Frauen Mut und trat ein. Sie beugte sich zu Nene hinab und strich ihr zärtlich übers Haar. »Was ist dir, Töchterchen?« fragte sie leise. Da hob Nene langsam den Kopf und sagte lächelnd: »Pst! Er ist hier, er ist zurückgekehrt!«

Seit diesem Tag lebte Nene in der Gemeinschaft von Chenelho. Ernst und schweigsam teilte sie die Geschicke der Dörfler, half bei der Feldarbeit, hütete das Vieh und erlernte die Töpferei. Niemals aber lüftete sie ihr Geheimnis, und nur manchmal sah man sie des Morgens mit einem Lächeln aus Sebastians Hütte treten. So verstrich die Zeit, und erst als die Frauen begannen, das Fahnentuch für die neuerbaute Kapelle zu nähen, verlor Nene ihre traurige Ernsthaftigkeit. Eifrig half sie mit, die Fahne zu entwerfen, erzählte von der Beschaffenheit des Banners der »Soldaten der Jungfrau«, von ihrer Begegnung mit der Göttin und öffnete sich mit Rat und Tat. Während der Arbeit an der Fahne im Kreis der Frauen fand Nene zu der stillen Erfülltheit ihres früheren Lebens zurück.

Zur gleichen Zeit schickten die Töpfer des Dorfes heimlich einen Boten zu den Töpfern von Amantenango und baten um besondere Steine, die man nur in der dortigen Erde fand. Sodann formten sie aus Ton einen Gekreuzigten und gaben der Figur Sebastian Gòmez' Gesichtszüge. Sie bargen den tönernen Propheten in einer Hütte hoch im Gebälk über der Feuerstelle, damit er langsam trockne. Die

Steine aus Amantenango zerrieben sie zu einem feinen Pulver, verwahrten es in einem Säckchen und hängten dieses zu der Figur.

In einer Vollmondnacht stiegen sie in den Bergwald hinauf, fällten eine ausgewählte Kiefer unter rituellen Gebeten, der Göttin Maychel huldigend, und schlugen Scheite aus der Kiefer, die in der Sonne trocknen sollten.

Und es kam der Tag, da war der Ton fest genug für den letzten Brand. Sie bestäubten die Figur mit dem Pulver aus den Steinen von Amantenango, schichteten dann Scheite von der Kiefer um das Brenngut und entzündeten das Feuer. Betend und singend verfolgten die Töpfer den Brand, hoffend, daß die Kraft der Vollmondkiefer in den tönernen Propheten einging, daß der Göttin Macht und Liebe weiterglühe in Sebastian Gòmez' Abbild.

Und in der Hitze des Feuers begann das Pulver aus den Steinen von Amantenango zu zerfließen und glasierte die Figur in der Farbe verbrannten Fleisches.

Im Monat Xul, dem Mond der Götteranbetung, war der Bau der Kapelle vollendet. Späher wurden ausgeschickt, um die Pfade zu bewachen, damit kein Spanier die Kirchenweihe entdecke und störe.

Heimlich versammelten sich die Männer und Frauen von Chenelho und zogen zur neu erbauten Kapelle hinauf. Vor der Kirche entrollten sie die Fahne. Der Wind erfaßte das Banner und bauschte es mächtig in den Himmel. Den Menschen schien es, als ob für Augenblicke das Antlitz der Göttin aus dem Loch im Tuch erstrahlte. Und sie sahen, wie in die Augen des tönernen Propheten das helle, flirrende Leuchten trat, das sie so gut von Sebastian Gòmez kannten.

Noch einmal stimmten sie das alte Gebet vom Tod und der Wiederkehr an und ehrten singend Figur und Fahne. Dann versteckten sie beides in einer Öffnung der Kirchenmauer und verschlossen diese sorgfältig, damit kein Uneingeweihter den Hohlraum in der Mauer entdecke.

Während dieser Versammlung tauften die Mayores, die Seher und die Priester der Dzotzil von Chenelho die neue Kapelle auf den Namen Santa Cruz, und sie weihten sie dem heiligen Sankt Petrus, ihrem San Pedro Apoxtal.

Ihr Dorf aber nannten sie seither feierlich San Pedro de Chenelho.

Noch bis ins zweite Dezennium des achtzehnten Jahrhunderts kamen die Spanier im Chiapas nicht zur Ruhe. Immer wieder flackerten die Feuer des Widerstands im Bergland und in den Dschungeln auf. Man fand die Schriften des Franxo Ximenez in den Hütten der indianischen Holzfäller am Rio Usumacinto, fand sie in den Dörfern des Hochlands, in den entlegenen Wäldern des Petén. Wo immer man ihrer habhaft wurde, verbrannte man sie und hängte ihre Besitzer. Fieberhaft fahndeten die Schergen der Inquisition nach dem Verfasser, erwischt wurde er jedoch nie.

Mit immer grausamerer Härte regierten Kirche und Krone das Land. Nachhaltig rächten sich die Spanier an den Völkern für den Aufstand der »Soldaten der Jungfrau«. Tribute und Enteignungen rissen tiefe Löcher in das alte Gewebe des Landes. Planvoll zerstörten die Spanier für immer die letzten natürlichen Grundlagen der Völker. An diesen Wunden verblutete schließlich das Land, und die Menschen ergaben sich ohnmächtig in ihr trauriges Schicksal. Mehr und mehr verblaßte der Ruhm der »Soldaten der Jungfrau«, und die Erinnerung an Maychel und den Propheten Sebastian Gòmez verschwand aus dem Gedächtnis der Völker wie ein verlöschender Stern. Durch die Schreckensherrschaft der Spanier war jeder Widerstand im Chiapas und in Quiché gebrochen. Hundertfünfzig Jahre sollte es dauern, bis sich die Völker in der Sierra Madre del Sur erneut erhoben. In der Zwischenzeit aber herrschte qualvolle Ruhe in diesen Ländern.

In Spanien, an der bergigen Küste Asturiens, saß, vom Alter gebeugt, in heiliger Einsamkeit Abbé Jaime de Zumarraga, der ehemalige Inquisitor des Heiligen Offiziums zu Santiago de Campostela. In diese unzugängliche Gegend hatte er sich verkrochen. Er war von Santiago de Campostela aufgebrochen und den Jakobsweg in umgekehrter Richtung gewandert, verfolgt von seiner Vergangenheit, geplagt von den Zweifeln der Erkenntnis. In Fuente De, einer kleinen Eremitage am Fuße des Naranja de Bulnes, des höchsten Berges der asturischen Cordillere, fand er endlich Ruhe und verbrachte den Winter seines Lebens in stiller Fürbitte.

Eines Tages aber wurde seine Einsamkeit gestört. Ein Fremder klopfte an die Pforte seiner Klause. Als Bote komme er, sagte der Mann, direkt von einem Schiff aus Westindien. Er bringe ihm dies Paket und einen Brief seines Schülers Franxo Ximenez. Diesen habe er auf eigenen Wunsch in den Dschungeln Guatemalas zurückgelassen, schwer krank, entkräftet, dem Tode sehr nahe. Ximenez' letzte Bitte sei gewesen, dies Paket nach Europa zu bringen und ihm, Jaime de Zumarraga, zu treuen Händen zu übergeben. Mit diesen Worten holte der Fremde ein gut verschnürtes Bündel aus seinem Reisesack und reichte es dem Abbé. Das Paket enthalte Aufzeichnungen von Ximenez, ein von ihm verfaßtes Wörterbuch indianischer Dialekte und seine Übersetzung einer heiligen indianischen Schrift, erklärte der Mann. Die Schrift sei Ursache für allerlei Unbill gewesen, die den Spaniern im Bergland Guatemalas und Chiapas' widerfahren sei, und darum verboten und gesucht in diesen Ländern.

»Ihr habt ihn gut gekannt?« unterbrach der Abbé die Ausführungen des Mannes.

Der Fremde hielt in seiner Rede inne und nickte traurig. »Ich war sein Freund und Bruder im Geiste«, sagte er leise.

»Dann seid für heute mein Gast«, lud ihn Jaime de Zumarraga ein. Dankbar nahm der Fremde an, und sie verbrachten eine Nacht endloser Gespräche. Am Morgen, nach dem gemeinsamen Gebet, verabschiedete sich der Bote und stieg die steilen Pfade zur Küste hinab. Wieder allein, holte

Jaime de Zumarraga das Paket hervor und löste die Verschnürung. Jetzt saß er im milchigen Dunst des Vormittags vor seiner Hütte, und auf seinen Knien lag ein dicker Stoß loser Blätter - das Vermächtnis des Franxo Ximenez. Gefesselt las er, fuhr mit seinem Finger Zeile für Zeile über das brüchige Papier. Unruhig flogen seine Augen über den zweispaltigen Text. Er atmete schwer. Erregend und abstoßend zugleich war das, was er da las. Götzen und Fabelwesen erstanden aus der wilden Schrift, bevölkerten seinen Geist und nahmen ihn gefangen.

Vor sein inneres Auge trat, jung und frisch, sein Schüler Franxo Ximenez. Bald ein Menschenalter war es her, daß dieser ein Schiff bestiegen hatte und ins westliche Indien gefahren war. Voll glühenden Eifers hatte sich der junge Novize von ihm, seinem Mentor, verabschiedet und war in diesem riesigen Erdteil verschwunden. Nun war er in seinem Werk zurückgekehrt - geheimnisvoll, schattenhaft.

»Sohn, wohin hast du dich verirrt?« murmelte kopfschüttelnd der alte Abbé und schloß die Augen. Ein Träumer ist er geblieben, sein ehemaliger Schützling, ein Schwärmer. In dem beigefügten Brief schrieb er an ihn, Jaime de Zumarraga: »Auch dies ist Gott, verehrter Vater. Auch dies ist Glaube, selbst wenn wir ihn nicht verstehen wollen. Zeugt nicht dies Buch von der Allgegenwart Gottes? Es gibt nichts, was wir den Menschen im westlichen Indien zu sagen vermögen. Sie wissen es bereits. Gott spricht in vielen fremden Sprachen. Gott wohnt in sehr verschiedenen Häusern. Dies, sehr verehrter Vater, hab ich hier gelernt: Gott ist zu groß, als daß wir ihn je verstünden!«

Jaime de Zumarraga seufzte. In seinem tiefsten Innern erkannte auch er diese Wahrheiten. Vielerlei Wege gab es, die ein Mensch auf der Suche nach Erkenntnis beschreiten mochte. Doch jener fremden, fernen Welt, die seines

Schülers Heimat geworden war, verschloß er sich. Nachdem er Franxos Übersetzung der heiligen Schrift der Maya zu Ende gelesen hatte, erhob sich der alte Abbé schwerfällig und trat in die kleine Klause. Mit klammen Fingern entfachte er das glimmende Feuer im offenen Herd. Dann warf er mit wehmütigem Blick Franxo Ximenez' Brief und die Übersetzung in die prasselnden Flammen. Und während er beobachtete, wie sich das Feuer züngelnd durch das Papier fraß, fiel sein Blick zufällig auf die letzte Seite. Da stand, zweisprachig und in groben Lettern:

»Hiermit schließt denn das Leben der Völker. Es gibt nichts mehr zu sehen. Die alte Weisheit ist verloren. So ist nun alles zu Ende in den Ländern, die wir Mayab nannten.«

Glossar

Akau Kin: Herr Sonnengesicht; in den alten Codices der Maya der Name für den Sonnengott.

Balun Canaan: So hießen in der Kolonialzeit die Neun Wächter, ursprünglich die Neun Herren der Nacht, jene Götter, die bei den alten Maya das Sonnenjahr mit 360 Tagen regierten und schützten. »Bolon« (neun) war im gesamten mesoamerikanischen Raum eine magische Zahl, hatte aber gleichzeitig die Bedeutung von »rein«, »unberührt«.

Chaktemal: Chetumal, heute Grenzstadt zu Belize.

Chitic: Stelzentanz, der Tanz der Sämänner. Die Grundbedeutung des Tanzes geht darauf zurück, daß Hunab Ku in der Gestalt des Mais-Fisch-Gottes auf Maisstengeln einherschreitet. Dank des Wassers sprießt und wächst der junge Mais, was bis in die Kolonialzeit durch den Stelzentanz gefeiert wurde. Noch heute wird selbst im Bergland des Chiapas die Maisaussaat durch das Eingraben von Fischen in der Milpa, im Maisfeld, begleitet.

Chiapan: präkolumbianische Hauptstadt des Chiapas. Sie wurde 1524 von den Spaniern zerstört. Auf den Ruinen der alten Tempelanlagen entstand die spanische Stadt Chiapa de Corzo.

Ciudad Real: gegründet 1528 von Diego de Mazariegos, einem Raubritter aus dem Gefolge Hernán Cortéz. Seit 1848 heißt die Stadt zum Gedenken an Bartolomé de las Casas, den ersten Bischof des Chiapas, San Cristòbal de las Casas.

Copal: Harz des Copalbaumes, dem Weihrauch sehr ähnlich.

Covadonga: verstecktes Kloster in den Picos de Europa an der Nordwestküste Spaniens. Es war einer der wenigen verschwiegenen Orte, an denen während der jahrhundertelangen islamischen Besetzung der Iberischen Halbinsel das Christentum überdauerte. Noch heute ist das Kloster ein Wallfahrtsort und wird von den Spaniern als Wiege der Reconquista, der Wiedereroberung, verehrt.

Darien: Terra Firma, das heutige Panama.

Dzotz: Fledermaus. Bei den Maya als Tier des Todes und Symbol der Wiederauferstehung verehrt.

Dzotzil: Tzotzil; die Nation der Tzotzil ist eine der größten noch existierenden Ethnien im Bergland des Chiapas. Sie umfaßt die Völker der Chamula, Tzeltal, Chontal und Zinacanteca. Sie alle tragen den Nágualtitel der Fledermausleute.

Encomienda: von der spanischen Krone an die Konquistadoren verliehenes Nutzungsrecht über die eroberten Ländereien und über indianische Tribut- und Dienstleistungen. Durch dieses System entband sich die Krone in den Anfängen der Eroberung von der Verpflichtung, die Eroberer zu bezahlen. Sehr bald aber geriet sie damit ins Hintertreffen, da die Konquistadoren und ihre Nachfolger hauptsächlich in die eigene Tasche wirtschafteten. Zwischen 1680 und 1720 wurde das System der Encomienda mehr und mehr durch die Krone beschnitten und schließlich am 12. Juli 1720 von Philipp V. abgeschafft.

Gaita: Dudelsack, wie er auch noch heute an der Westküste Spaniens von den Galiziern gespielt wird.

Hesoristo: Verballhornung des Namens Jesus Christus. In der Kolonialzeit als Sohn Hunab Kus verehrt, wird noch heute bei den Tzotzilnationen im Hochland des Chiapas zu Hesoristo als dem Sohn des Sonnengottes gebetet.

Hunab Ku: der höchste Gott der Maya, Vater aller Götter, der unsichtbar über allen Göttern stand. In der Kolonialzeit war er eine synkretistische Gottheit, die mit dem Gott der Christen identifiziert wurde.

Itzá: uralter Volksstamm, der in seiner Geschichte wiederholt Yucatan und den Petén besiedelt hat. Chichen Itzá ist eine der berühmtesten postklassischen Städte dieses Volkes. Später ließ es sich endgültig im Petén nieder.

Ixchel: Regenbogenfrau; der alte Mayaname für Maychel, Göttin des Mondes und der Liebe, die Erotik, Zeugung und Geburt repräsentiert. In präkolumbianischen Zeiten war ihr religiöses Zentrum auf der Insel Cozumel.

Ixmucanè: Urmutter des Mayapantheons.

Kak Balam: Feuerjaguar, die letzte befestigte Stadt der Lakandonen. Sie wurde mehrmals von den Spaniern erobert. Unter dem Namen Nuestra Señora de los Dolores diente sie als Ausgangspunkt für den Holzraubbau in der Selva Lacandona. Heute existiert sie nicht mehr.

Kazike: ursprünglich die spanische Bezeichnung für indianische Autoritäten. Während der Kolonialzeit wurde der Kazike immer mehr zum Mittelsmann zwischen den Spaniern und seinen eigenen Landsleuten. Oft sorgte er im Austausch gegen Privilegien für die Botmäßigkeit seiner Gemeinde.

Kek: Pekari; das amerikanische Wildschwein. Geisttier des Urgottes Ixpiyacóc.

Kimpech: die heutige Hauptstadt Campeche des gleichnamigen mexikanischen Bundesstaates am Golf von Mexiko.

Legua: altes spanisches Längenmaß, etwa fünf Kilometer.

Mayab: Staatenbund der alten Mayavölker. Gründer dieses Bundes waren die Itzás, die auf ihrer Wanderung entlang des Golfes von Mexiko alle Kleinfürstentümer und Volksstämme in einer zentralisierten Staatsform zusammenfaßten. Dieser Staatenbund existierte von 1150 bis 1462 und war hauptsächlich das Verdienst der Itzá-Dynastie der Cocomes. Etwa um 1458 begann der Zerfall des Staatenbundes, ausgelöst durch Unruhen und Revolten rivalisierender Dynastien. Mit dem Untergang Mayapáns (Banner der Maya), der Hauptstadt dieses alten Mayabs, zersplitterte der Staatenbund wieder in die traditionellen Kleinstaaten und Fürstentümer. Die unterlegenen Itzás mußten fliehen und zogen quer durch die Halbinsel Yucatan bis in den Petén, wo sie ihre legendäre Inselfeste Tayasal erbauten. Mit den Itzás kam die politische Idee des Mayab in die Hochlandregionen Guatemalas und Chiapas'. Unter dem kolonialen Joch der Spanier wurde Mayab zum Symbol für die kulturelle, religiöse und wirtschaftliche Freiheit der indianischen Volksgemeinschaften.

Maychel: Maychel ist der mayaisierte Name der aztekischen (mexikanischen) Göttin Mayahuel, die mit Ehecatl, dem Windgott der Azteken, die Liebe erschuf. Im Synkretismus der Kolonialzeit war sie auch unter dem Namen Bolon Maychel bekannt, die Reine Maychel, die in Gestalt der Jungfrau Maria den Indianern erschien.

Milpa: aztekisches (mexikanisches) Wort für Maisfeld, mittlerweile im ganzen lateinamerikanischen Sprachgebrauch geläufig.

Mitnal: Name der Unterwelt in den alten Überlieferungen der Maya. Die Eingänge in die Unterwelt waren die vielen Karsthöhlen, die das ganze Mayareich durchzogen.

Montería: Holzfällerlager.

Moxviquil: am Rand des Hochtals von Jovel gelegene Tempelanlage aus der postklassischen Periode der Maya.

Nágual: wörtlich »Schicksalsdoppelgänger«. Es handelt sich hier um den Hilfsgeist des Menschen in Gestalt eines Tieres. Hauptsächlich Priester, Heiler und Seher der Mayas hatten die Fähigkeit, sich in ihr Nágual zu verwandeln, um in dieser Gestalt Kontakt mit den mythischen Wahrheiten aufzunehmen. Noch heute wird bei den Hochlandvölkern Guatemalas und Chiapas' streng darauf geachtet, daß sich nicht zwei Menschen mit dem gleichen Nágual verheiraten, da dies Unglück bringt.

Quiché: wörtlich »viel Baum«. Die aztekische (mexikanische) Übersetzung von Quiché, wie sie von Pedro de Alvarados indianischen Begleitern gebraucht wurde, war »Cuauhtlemallan«. Die spanische Verballhornung dieses Wortes gab dem Land seinen Namen - »Guatemala«, Waldland.

Santiago de los Caballeros: Hauptstadt des Vizekönigreichs Guatemala, gegründet 1543 im Valle de Panchoy. Die Stadt war während der 230 Jahre ihrer Existenz neben Ciudad de Mexico und Lima die größte, reichste und mächtigste Stadt Lateinamerikas. 1773 wurde sie durch ein Erdbeben innerhalb von zehn Minuten restlos zerstört und nie wieder aufgebaut. Heute ist sie als Guatemala Antigua in den Landkarten verzeichnet.

Tabascoöb: An der Mündung dieses Flusses, der sich bei Villahermosa in den Golf von Mexiko ergießt, landete 1518 Juan de Grijalva mit seiner Flotte. Seither heißt der Fluß Rio Grijalva. Der alte Mayaname lebt noch weiter im Namen des mexikanischen Bundesstaates Tabasco.

Tayasal: Hauptstadt der Itzás im Peténsee in Guatemala. Die Stadt wurde erst am 13. März 1697 nach schweren Verlusten von den Spaniern erobert. Damit fiel eines der letzten mächtigen religiösen Zentren der Maya. Mehr als 250 Jahre versank die Stadt unter dem spanischen Namen Nuestra Señora de los Remedios y San Pablo de los Itzaes in der Bedeutungslosigkeit. Heute ist sie - bekannt unter dem Namen Flores - ersehntes Etappenziel für Touristen aus aller Welt auf dem Weg zu den Ruinen von Tikal.

Tehuelche: Ureinwohner Feuerlands. Sie waren großgewachsen und erschienen den eher kleinwüchsigen Spaniern und Portugiesen, die das Kap Hoorn umschifften, als Riesen. Das spanische Wort »Patagón« (Großfuß) gab dem Land am Ende der Welt seinen heutigen Namen - »Patagonien«.

Tziis: amerikanischer Dachs, in Mesoamerika »Tejón« genannt. Er hat einen grauen Rücken, schwarzes Bauchfell und schließt sich leicht den Menschen an. Er war das Nágual, das Geisttier, der Urgöttin Ixmucanè. Noch heute wird er bei den Tzotzilnationen als die Sonne Sac Nim Tziis im Sternbild des Stiers (Alpha Tauri) verehrt.

Uluumil Kutz: vollständig »*Uluumil cutz yetel ceh*« (Das Land des wilden Truthahns und des Hirsches). So nannten die Ureinwohner die Halbinsel, die heute Yucatan heißt.

Villancico: volkstümlicher religiöser Tanz in Kastilien.

Xul: Das Mayajahr gliederte sich in 360 Tage, die von den Neun Herren der Nacht beschützt wurden, plus fünf Tage, die ungeschützt verlebt werden mußten. Die 360 Tage wurden in 18 Monate mit je 20 Tagen unterteilt. Der Monat Xul entspricht etwa dem Monat August des abendländischen Kalenders. Das Fest der Götteranbetung dauerte mit Umzügen, Opfergaben, Fahnenweihen und Tänzen in der Regel fünf Tage. Ursprünglich wurde es zu Ehren Kukulcans, jenes Gottkönigs der Urzeit, begangen. Später feierte man auf dieselbe Weise die verschiedensten Götter und Idole.

ISTHMUS VON TEHUANTEPEC

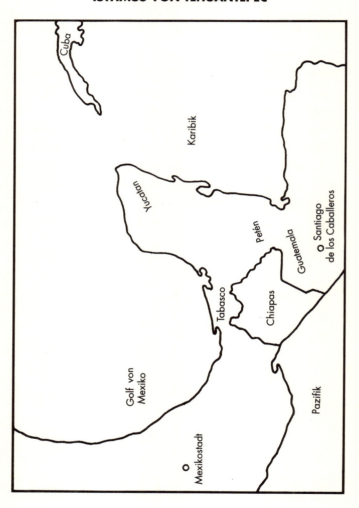

CHIAPAS

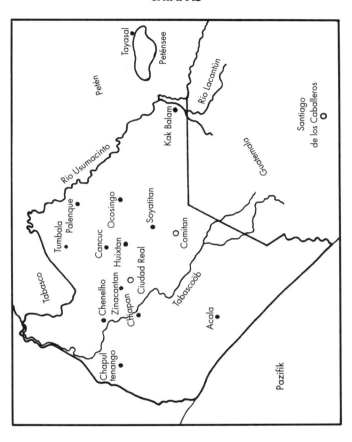

HOCHTAL VON JOVEL

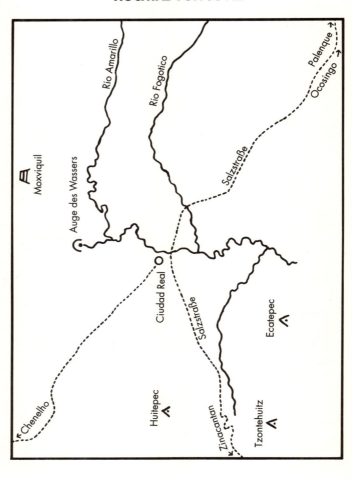